事業計画に落とせる ビジネスモデルキャンバスの書き方

西田泰典

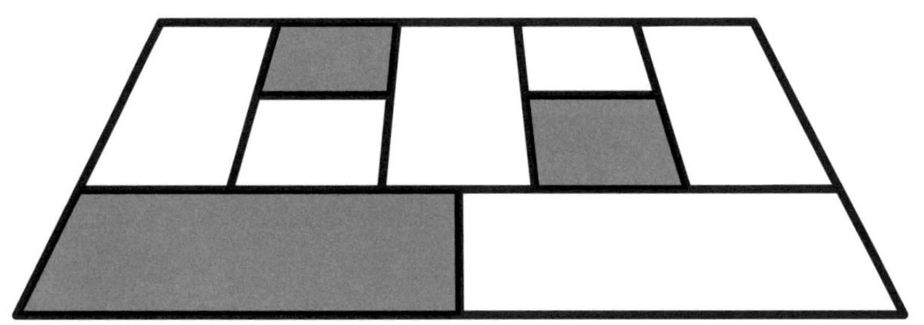

クロスメディア・パブリッシング

はじめに

新規事業を生み出す際に、もっとも重要なキーワードを１つ挙げるとすれば、私は迷いなく「ビジネスモデル」と答えます。なぜなら、ビジネスモデルの設計がきちんとできていない事業は、高確率で残念な結果に終わってしまう、もしくは、そもそも計画の時点で社内の承認が得られないからです。

私はこれまで様々な企業の新規事業コンサルティングを通じて、数え切れないほどの事業計画書を見てきましたが、そもそもビジネスモデル自体の意味を理解できていない人が多いことに気づきました。この本を手にした読者の方も「なんとなくイメージはあるけど、うまく説明できない」というのが本当のところではないでしょうか。

そういった新規事業担当者の現状に希望の灯をともしてくれたのが本書で紹介する「ビジネスモデル・キャンバス」です。

2010年にオスターワルダーとピニュール（Osterwalder & Pigneur）が、**ビジネスモデルを「どのように価値を創造し、顧客に届けるかを論理的に記述したもの」と定義しました。**そして、視覚的にビジネスモデルを設計するためにビジネスの構造を一枚の紙にまとめるフレームワーク「ビジネスモデル・キャンバス」を提唱したのです（次ページ図表）。

ビジネスモデル・キャンバスは、ビジネスモデルの設計はもちろん、組織内でビジネスモデルを共有できること、個々のビジネス要素のつながりを検証・評価できることから、多くの企業で導入されていきました。しかし、「ビジネスモデル・キャンバスさえ導入すれば容易にビジネスモデルが設計でき、新規事業を創造できると考えていた」という新規事業担当者たちも多く、実際は期待通りの成果が得られていない例が少なくありません。

【図表】ビジネスモデル・キャンバス

Key Partners キーパートナー	Key Activities 主要な活動	Value Propositions 価値提案	Customer Relationships 顧客との関係	Customer Segments 顧客セグメント
	Key Resources キーリソース		Channels チャネル	

Cost Structure コスト構造	Revenue Streams 収益の流れ

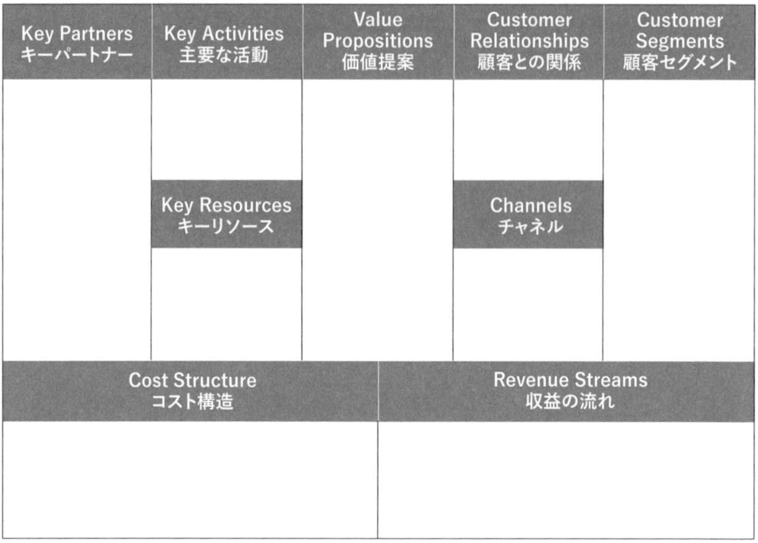

本書は、ビジネスモデル・キャンバスを活用して新規事業を成功させたいと考える人に向けて書きました。

ビジネスモデル・キャンバスは、実践的で使いやすい優秀なフレームワークです。使い方さえマスターすれば、必ず成果を生み出すことができるものだと私は確信しています。

しかし残念なことに、ビジネスモデル・キャンバスの書き方を詳しく解説した本は存在していません。私はコンサルティングや研修などを通じて、今まで数百枚以上のビジネスモデル・キャンバスを見てきましたが、有効に活用できていない例を目の当たりにしてきました。オスターワルダーとピニュールが著した『ビジネスモデル・ジェネレーション』(翔泳社) では、**ビジネスモデル・キャンバス上にどんな要素を書けばいいのかを詳しく説明してありますが、どのような「考え方」で書けばいいのかまで掘り下げられていません。**例えば、新規事業を創造するためには市場がどんな状況かを理解していなければなりません。つまり、マーケティングの知識が必要となります。市場を理解しないままビジネスモデル・キャンバスを書くと、単に要素（ブロック）を埋めただけになってしまい、その先にある事業計画書に落とし込んだとしても机上の空論に終わってしまうのです。重要なのは、埋めて形を整えることではなく、どのような「考え方」にもとづいて埋めたのかです。

本書は、今まで私が従事していた新規事業創造におけるコンサルティング支援や研修などで培った知見や経験のすべてを公開し、新規事業構想から、ビジネスモデル・キャンバスの書き方、仮説検証、事業計画書の書き方、投資を得るためのプレゼンテーションのポイントまでを解説します。新規事業担当者が本書を読んで腹落ちをしてもらえるようできるだけ多くの事例も盛り込みました。本書を読めば、ビジネスモデル・キャンバスを活用してビジネスモデルを設計でき、新規事業を加速させ、予算獲得を達成できるようになります。

本書が、ビジネスモデル・キャンバスを活用して新規事業を立ち上げる新規事業担当者の一助となり、新規事業の創出に少しでも貢献できれば幸いです。

2020年1月
西田泰典

事業計画に落とせるビジネスモデルキャンバスの書き方　目次

第2章
新規事業の構想を立てる
Formulate the plan of the new business

第3章 ビジネスモデルキャンバスの書き方

How to write Business Model Canvas

第4章

ビジネスモデルキャンバスの仮説検証

Review of Business Model Canvas

第5章
ビジネスモデルキャンバスを事業計画書に落とし込む
Make Business Model Canvas the business plan

第1章

新規事業立ち上げには正しいプロセスがある

Right process to start the new business

Right process to start the new business

1

8割の経営者が新規事業に満足していない現状

近年、日本企業の新規事業に対する取り組みは積極化していますが、自社の新規事業の取り組みに関して、経営層の満足度は決して高くありません。図表は、経済産業省「新規事業創造と人材の育成・活用に関するアンケート調査」(2012) です (図表１)。

経営層330名に対して自社の新規事業に対する満足度を調査した結果、21%が「満足している」のに対して、**79%が「満足していない」と回答しています。**約8割が自社の新規事業に満足しておらず、うまくいっていない企業が多いことがわかります。

図表1：自社の新規事業創造についての評価

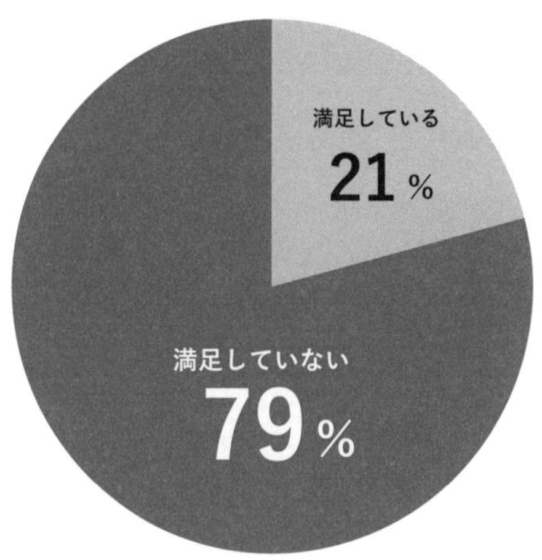

出典:経済産業省(2012)「新規事業創造と人材の育成・活用に関するアンケート調査」

では、なぜ成果が出ないのでしょうか？　この問いに示唆を与えてくれるのが、経営者を対象にした一般社団法人日本能率協会（2015）「第36回当面企業経営課題に関する調査」結果です（図表２）。

新規事業創造に対する取り組みを阻害する要因として、回答でもっとも多かったのは、「事業創造を牽引する人材が十分でない」というもので、75.3％の経営者がそう回答しています。つまり、**４人のうち３人が「人材の問題」だと感じているのです。**これほど多くの経営者が人材に問題があると考えていたのは驚きの結果でした。しかし、確かにこれまで新規事業に取り組む機会が少なく、経験を積んでいる人も多くないわけですから、人材がいないというのも納得できます。

図表2：新規事業創造に対する取り組みを阻害する要因

要因	%
事業創造を牽引する人材が十分ではない	75.2
既存のビジネスモデルへの固執が強すぎる	62.8
事業創造にチャレンジする組織風土が十分ではない	53.4
新商品のターゲットとなる顧客層を明確にしづらい	50.2
新規市場の顧客層のニーズを掴みにくい	45.4
自社で期待されている市場規模を獲得できる確信が持てない	30.1

出典：一般社団法人日本能率協会（2015）「第36回当面企業経営課題に関する調査」

Right process to start the new business

2 担当者の前に立ちはだかる４つの壁

では、「事業創造を牽引する人材が十分でない」ことについてもう少し掘り下げてみましょう。

具体的に新規事業に携わる人はどんな問題を抱えているのでしょうか。下の図表３は、私が様々な企業の新規事業を支援するなかで、特に感じた担当者にとって壁となっているものを４つ挙げています。

図表 3：新規事業創造人材における問題

1. 新事業創造の進め方や方法を知らない

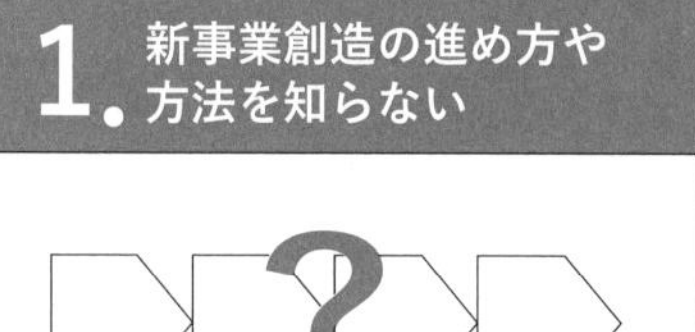

2. 事業計画書の書き方がわからない

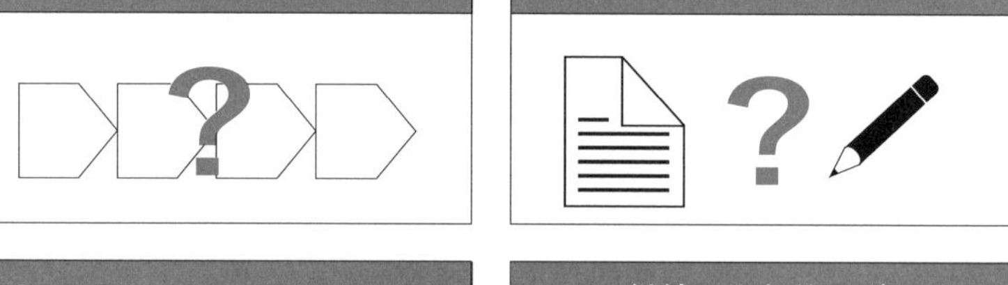

3. 顧客視点の価値提供ができていない

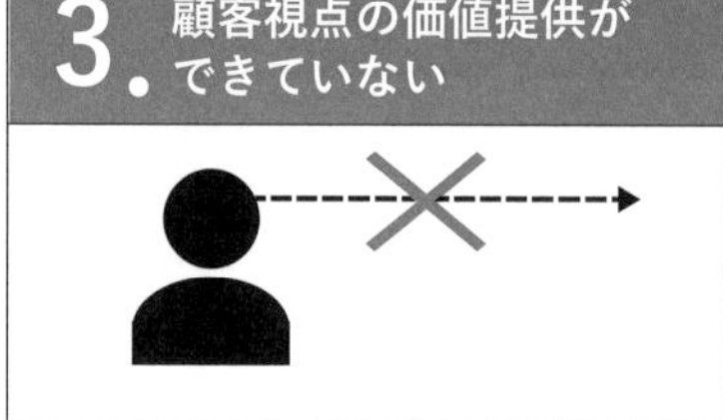

4. 継続した収益モデルが設計できない

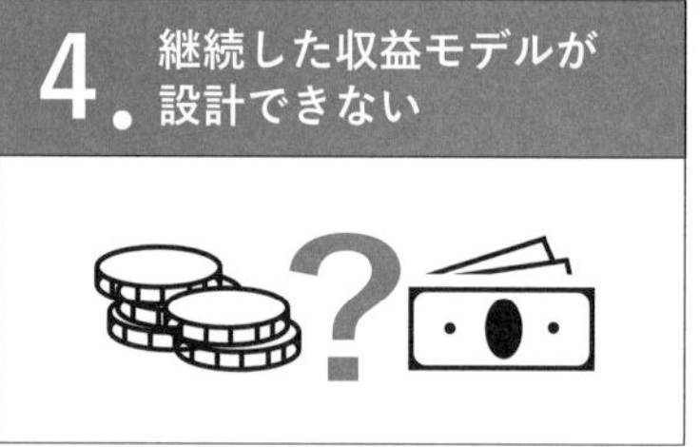

1つは、**「新規事業の進め方や方法を知らない」**です。そもそも、過去に新規事業に取り組んだことがない人が担当するケースがほとんどなので、進め方やその方法がわからないというのも当然でしょう。試行錯誤をしながら進めていくため、プロセスに多くの無駄が発生してしまうようです。例えば、開発期間が長くなってしまう、多くの人を開発に投入しすぎる、過剰な投資をしてしまうなど。

2つ目は、**「事業計画書の書き方がわからない」**です。現場は上長から「新規事業を創れ」と指示があっても、そもそも事業計画書の書き方を教わっていないので我流で作成します。書籍を買ってきてチャレンジしますが、ポイントを外してしまうことも多く、その結果、事業の魅力や可能性が伝わらない事業計画書になってしまいます。

3つ目は、**「顧客視点の価値提供ができていない」**です。この点は、特に製造業に見られます。製造業で技術志向の強い企業には、「高い技術があれば製品は売れるんだ」という考えから脱却できていない人が多くいます。また製造業にかかわらず、顧客の切実な問題や困りごと、ニーズを把握できておらず、顧客が本当に求める価値を提供できなていないケースがよくあります。

最後は、**「継続した収益モデルが設計できない」**です。高い価値を生み出すことができたとしても収益に変える意識が希薄だったり、またはその方法を知らなかったりする場合が多いです。さらに、高い価値を提供できたとしても、継続して顧客が求める価値を提供できていないために、事業が一過性で終わってしまい、安定した収益を得られないことがあります。

とりわけ、3つ目、4つ目の壁については、ビジネスモデルの設計と深く関わっています。図表2でも「既存のビジネスモデルへの固執が強すぎる」が2番目に高い62.8%を示していることからも、従来の思考から抜けきれていないことがうかがえます。

本書は、これらの4つの壁を念頭に置きながら、「事業を牽引できる人材」になれることをゴールとして解説をしていきます。

Right process to start the new business

3

新規事業創造プロセスの全体像

まず、「新規事業の進め方や方法を知らない」という問題点について、見てみましょう。

進め方を知らない人にありがちなのは、はじめから細部ばかりに目がいってしまい、さほど重要でない点に時間をかけてしまう一方で、本当に重要なポイントについて時間をかけた議論がされなかったりします。また、開発の経験が長い人は、技術の視点のみに偏った検討をしたり、逆にマーケティングや営業の経験が長い人は、市場や顧客のみに偏った検討をするといった場面を現場で見てきました。

新規事業を進める上で決まった手順というのはありませんが、創造性を発揮しながらも効率的に進める方法は存在します。

新規事業を立ち上げるまでのプロセスは、①事業構想、②ビジネスモデル設計、③事業計画書の作成、④投資の意思決定の4つのフェーズで構成されます（図表４）。

図表4：新規事業創造プロセスの全体像

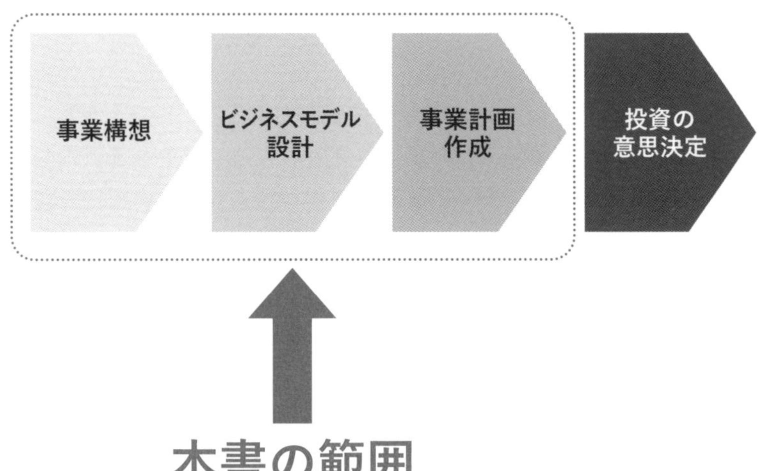

①事業構想は、大きく２つのフェーズに分かれます。１つは、**「事業アイデアの創出」**。もう１つは、創出した**「事業アイデアの収束」**です。経営層から「このテーマで取り組んでほしい」と指示がある場合もありますが、本書では主に事業テーマが決まっていない場合を想定しています。

次に、②ビジネスモデルの設計です。選定した事業テーマにもとづいてビジネスモデルを設計します。本書では、ビジネスモデル・キャンバスのフレームワークを活用して、具体的なビジネスモデルを描くことをお勧めしています。

さらに、③事業計画書の作成です。新規事業を成功に導くためには、ビジネスモデルの設計だけでは十分ではありません。ビジネスモデルの設計では深く分析しない要素、例えば、リスクの確度・大きさや収支計画、投資回収計画など、実際に新規事業を進めるために必要な情報を分析、整理して可視化する必要があります。

最後に、④投資の意思決定です。作成した事業計画書を提案し、事業資金を得られるかどうかの意思決定を仰ぎます。大企業や中小企業であれば経営層への提案となりますし、自ら起業したベンチャー企業であれば、ベンチャーキャピタルや銀行などの金融機関への提案となります。

以上、４つの各段階から、本書では「事業構想」「ビジネスモデルの設計」「事業計画書の作成」の新規事業創出における重要な３つの段階について、どのような考え方でどう取り組むべきかを、詳細に解説します。

第2章

新規事業の
構想を立てる

Formulate the plan of the new business

事業テーマを考える前に知っておくべき前提

前章では、新規事業の難しさと全体のプロセスについて説明しました。この章では、新規事業創造プロセスの４つの段階のうち、最初の「事業構想」の進め方・考え方について、事業を構想する前提からはじめ、最終的に良い事業アイデアに収束するまでの考え方について説明します。さっそく前提のところから見ていきましょう。

 新規事業は３つに分類できる

新規事業は、主に次の３つに分類できます。

- **周辺事業を拡大した新規事業**
- **エリアを拡大した新規事業**
- **多角化を狙った新規事業**

図表１は、経営戦略の父と呼ばれたイゴール・アンゾフが提唱した「成長マトリクス」をベースに分類しています。これは、事業の成長や拡大の方向性を分析するのに役立ちます。製品・サービス（価値）と市場・顧客をそれぞれ既存・新規に分け、パターンの組み合わせで事業を４つの象限に分類したものです。

図表1：アンゾフの成長マトリクス

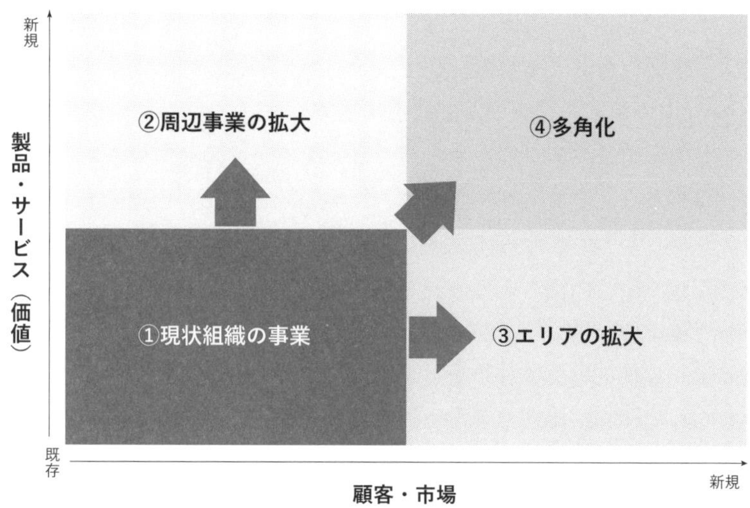

マトリクスの左上の「周辺事業を拡大した新規事業」とは、既存の市場・顧客に対して、新規の製品・サービス（価値）を展開するものです。例えば、建機メーカーのコマツが、既存の建設業者に対して、建設機械にGPS機能を付けた「KOMTRAX」という新たな事業を展開し、建設機械の盗難を防止したり、故障を未然に防ぐといった価値を創出した事例が該当するでしょう。

マトリクスの右下の「エリアを拡大した新規事業」は、新規の市場・顧客に対して、既存の製品・サービス（価値）を展開するものです。例えば、輸送機器メーカーのホンダが、庶民の足として日本で昔から利用されていたスーパーカブを、ASEANの新興国などの新たな市場に展開し、圧倒的な支持を受けた事例が該当するでしょう。

次に右上の「多角化を狙った新規事業」は、新規の市場・顧客に対して、新規の製品・サービス（価値）を展開するものです。この象限はさらに2つに分かれます。1つは、すでに他社が取り組んでいて世の中に事業として存在するが自社にとっては初めての事業となるものです。富士フイルムが、医療機器事業や化粧品事業に参入したものが該当するでしょう。もう1つは、まだ世の中に存在しないゼロから生み出す事業です。こちらは、米Uberのタクシーの配車アプリ事業や米Airbnbの民泊の仲介事業が該当するでしょう。

前者のすでに事業が存在する新規事業を検討する企業は多くあります。なぜなら、すでに他社が事業を始めていることから進め方などをイメージしやすく、今後の見通しが立てやすいためです。また、市場が成長していて今後もその成長が見込める場合、後発で参入しても十分な利益を稼ぎ出すことができます。しかし、安易に参入するのは禁物です。成長市場は多くの企業が注目しており、激しい競争にさらされるからです。新規に参入をするにあたって、自社の強みを活かせるのか、他社との差別化要素が明確になっているかなどを十分検討する必要があります。

後者の世の中に存在しないゼロから生み出す新規事業は、世の中に事業そのものが存在しないため、進め方など未知の部分が多く不確実性が高まります。しかし、成功すれば大きな収益を期待することができます。

このように新規事業には3つの種類があることを念頭に置き、方向性を見定めた上で、事業テーマを検討する必要があります。

その際、経営者から実現してほしい事業テーマを言い伝えられ、取り組む内容が決まっている場合と、ゼロから自分たちで事業テーマを考えなければいけない場合があります。多くの場合、後者のケースに当てはまるでしょう。もともと、新規事業として実現したいテーマを持っている人はいいですが、持っていない人は様々な視点から事業テーマを検討し、選定しなければなりません。

筋のいいテーマを見つけられるかが重要

事業テーマ選びはとても重要です。なぜなら、**新規事業に取り組む上流の段階で「筋のいいテーマ」を選ばなければ、その後どんなにがんばっても、いい事業プランが生まれることはない**からです。まずはやってみなければわからないという面はありますが、だからといって、安易に事業テーマを決めることは避けましょう。

事業テーマの検討にあたっては、十分なインプットを行い、市場性や他社の動向を調査し、ヒアリングによって裏付けとなる情報を収集するなどして、慎重に選定することが必要です。とはいえ、あまり時間をかけすぎるのも好ましくありません。事業環境の変化や市場や顧客の反応の変化によって状況が変わることがよくあるためです。

新規事業を実現する時間軸を決める

事業テーマを選定する場合、どの時点での実現を目指すのか、まず「時間軸」を確認することが必要です。この点が曖昧でチームのメンバー間で時間軸の認識がずれたままだと、検討する範囲が広域になるため無駄に時間がかかってしまいます。

３年後に実現したいのか、５年後なのか、10年後なのか、もっと先の実現を目指すのか、認識を合わせておきましょう（図表２）。

図表2：事業の実現度と時間の関係

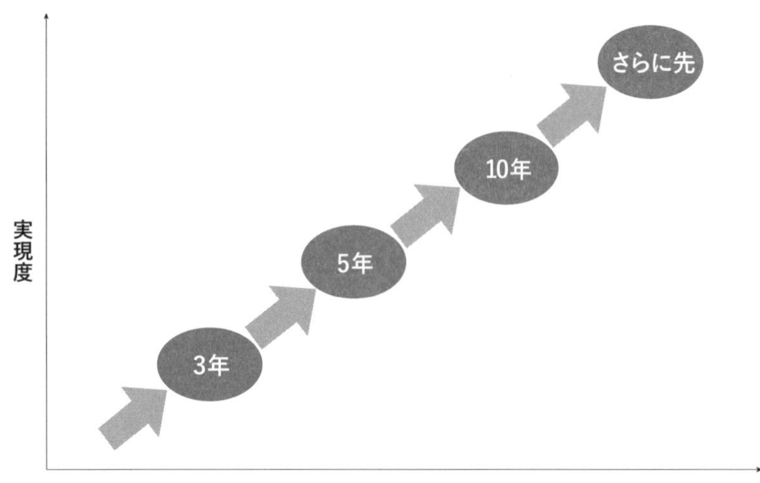

３年後であれば、既存の自社のコア技術を活用しながら今の事業の半歩先を行くような提案になることが多くなります。実現性が高い反面、すぐに他社に追いつかれる可能性もあります。

５年後であれば、現時点では技術的に難しいけれど、活用しようとする有望技術が実現できれば、先行利益を獲得し大きな収益をあげられる可能性があります。

さらに、もっと先の事業の実現であれば、事業が成立するかはまったく不透明ですが、成功すれば莫大なリターン（利益）を得ることができます。空飛ぶ車や宇宙エレベーター（月までエレベーターで行ける）といった夢のような事業テーマ案になるでしょう。

事業テーマの検討は、バックキャスティングが基本

事業テーマを検討する場合、バックキャスティングの考え方が有効です。バックキャスティングとは、あるべき未来の姿を先に思い描

き、そこから現状へ逆算して考えることです。そうすると、望ましい未来の姿を実現するために、どの時点で、具体的に何をするべきかが見えやすくなります。バックキャスティングは、既存の考え方から脱却し、大きく変化するのに適しており、例えば、改革や変革を求める場合に用います。

バックキャスティングの反対に、フォアキャスティングがあります。フォアキャスティングは、現在の延長線上に想定される未来を描き、順算で考えます。フォアキャスティングは、現状のものを少しずつ良くするのに適しており、例えば、改善や改良などを行う場合に用います（図表3）。

新規事業は、既存事業をより良くするのではなく、**まったく新しい発想で事業を創り出すわけですから、バックキャスティングの考え方のほうが適しています。**チームメンバー間で、事業テーマの時間軸の認識を合わせた上で、バックキャスティングの発想からはじめ、事業テーマの選定を行いましょう。

図表3：バックキャスティングの考え方

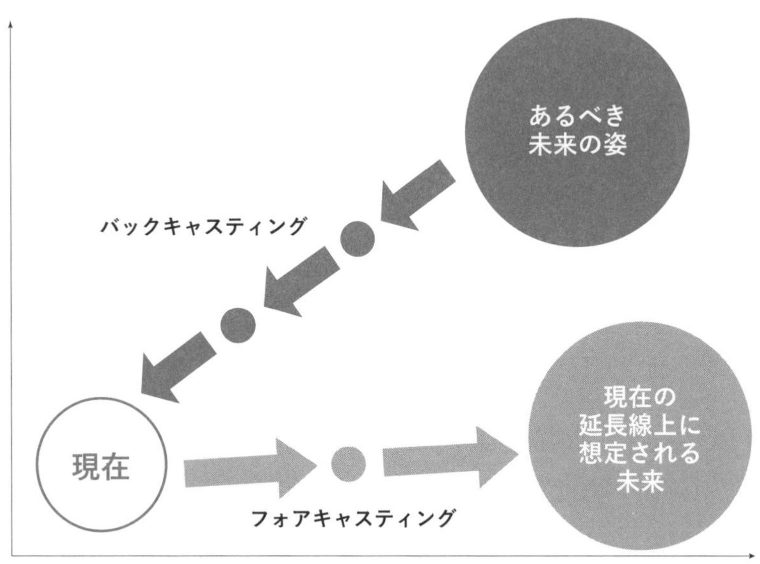

Formulate the plan of the new business

2

アイデアを生み出す6つのインプット

ブレストでは「筋のいいテーマ」が生まれない理由

新規事業のテーマを選定する場合、アイデアの数が勝負だと言わんばかりに、とにかく数を重視する場面を見てきました。確かに３個のアイデアと100個のアイデアでは、いいアイデアは後者から出てくる可能性が高いのは間違いありません。そのため多くの企業では、アイデア出しの手法であるブレーンストーミングを使って、できるだけ多くのアイデアを出そうとしています。

しかし、いきなりブレーンストーミングを始めて、「筋のいいテーマ」に辿り着いた例を見たことがありません。それは、ブレストは創造的なアイデアを生み出すのに適していないからです。

「筋のいいテーマ」を導くためには、市場や顧客に対する深い洞察や技術に関する理解が必要です。したがって、チームで事業テーマを検討する前に、まず個人で、市場や顧客、技術に対して十分なインプットをしておく必要があります。

では、どのようなインプットが必要なのでしょうか。**インプットには次の６つの視点があります。①取り組む意義、②マクロ環境、③市場・顧客、④自社、⑤競合、⑥他社の成功事例。**それぞれの詳細は後述します。

私が新規事業創造の支援をする際にも、事業テーマの選定にあたってチームでアイデア出しをする前に、個人で十分にインプットをすることをお願いしています。その上で、事業テーマのアイデアを一人

30個以上考えてきてもらうようにしています。そうすると、例えば、チームに５人のメンバーがいれば、１つのチームで150個以上のアイデアが出てきます。重複するアイデアを差し引いても、100個以上のアイデアが残り、しかも、先に挙げた６つの視点で深く洞察された情報に裏付けられたアイデアが集まります。

ちなみに、ブレストは創造的なアイデアを生み出すのには適していませんが、実現手段や具体的な課題解決の方法を検討する場合には適しています。なぜなら、それらは多様な視点で考えるほうが有効だからです。つまり、「何を」ではなく、「どのように」といったアイデア出しには有効です。

では、必要な６つのインプットについて順番に説明していきます。

①取り組む意義をインプットする

取り組む意義とは、新規事業の「背景」を確認することです。つまり、**なぜ自社が新規事業に取り組むのか、なぜその事業テーマを選定したのかの理由です。**事業を立ち上げるためには、その理由に共感してもらうことが必要です。取り組み意義を説明する際には次のような視点があります。

１つに、自社のミッションやビジョンを実現するために、今回の新規事業が必要だというパターンです。例えば、自社のビジョンが「社会価値創造」を謳っているのであれば、社会が抱える課題を解決するためのソリューションに関する範囲で、事業テーマを検討することになります。自社のミッションやビジョンといった「目指す姿」と事業テーマとに整合性があることがポイントです。

２つ目に、政府や国際機関が掲げている目標や、企業価値を高めるための国際社会からの要請を実現することを背景に提案するパターンです。例えば、国連が持続可能な開発目標として掲げている「SDGs」や環境（Environment）、社会（Social）、ガバナンス（Governance）の視点から企業の価値を図る「ESG」が該当します。例えば、前者の「SDGs」では、飢餓の根絶や地球温暖化対策など、2030年までに世界が達成すべき17の目標が掲げられており、それを自社の目標に組み込む企業が非常に増えています（図表４）。

図表 4：持続可能な開発目標 (SDGs)

出典：国連開発計画（UNDP）駐日代表事務所 HP

３つ目に、世の中にある「問題」に着目して、それを何とか解決するために提案するパターンです。つまり、提案する人の問題意識ありきの形です。問題は、すでに起こっている問題、これから起きそうな問題、長期的に起こり得る問題があります。問題に着目する場合は、これから取り組む新規事業の「時間軸」を確認して整合性を取りましょう。

４つ目に、自社の「強み」に着目して、強みを最大限に生かした提案をするパターンです。自社のコア技術や有望技術などを活かす提案ができれば、他社に模倣されずに、優位性を持続することができます。自社ならではの強みがある場合は、それを起点に事業テーマを考えることは有効です。ただし、製造業などプロダクトアウト志向の企業は注意が必要です。コア技術などの強みが顧客の困りごとを解決したり、ニーズを満たしているかを確認する必要があります。

最後に、実現したい未来を描いて提案するパターンです。例えば、「10年後は、医療業界におけるICTのリーダー企業になっている」などです。自分が実現したい未来には、この提案が欠かせないという点を説明できればいいでしょう。

以上5つの視点を紹介しましたが、視点は必ずしも1つとは限りません。複数の視点から取り組む意義を説明することもあります。事業テーマの選定において、取り組む意義がきちんと説明できるかはとても重要です。経営幹部やベンチャーキャピタルなどの提案を受ける側は、まず「なぜこのような提案をしているのだろう？」という疑問が出てきます。この疑問に答えられなければ、その後の話に興味を持ってもらうことはできません。

②マクロ環境をインプットする

次に、マクロ環境の変化に着目します。マクロ環境とは、自社だけではコントロールできない、事象を受け入れざるを得ない環境を指します。マクロ環境を捉える手法として、PEST分析があります（図表5）。**PEST分析とは、政治・法律（Political）、経済（Economic）、社会（Social）、技術（Technological）の4つの切り口から、事業の変化を捉えます。**

図表5：PEST分析

Political 政治的環境要因	法律改正、政権交代、外交など
Economic 経済的環境要因	景気動向、インフレ・デフレ、GDP成長率、日銀短観、失業率、鉱工業指数など
Social 社会的環境要因	文化の変遷、人口動態、教育、犯罪、世間の関心など
Technological 技術的環境要因	新技術の完成、新しい技術への投資など

政治・法律（Political）は、法律改正や政権交代、外交などが該当します。例えば、中国をはじめとした新興国の政治力が高まる一方で、日本の政治的地位の低下が予想されます。

経済（Economic）は、景気動向やインフレ・デフレ、GDP成長率、円高・円安などが該当します。例えば、これまでの経済は日米が世界の中心でしたが、現在は日米のGDP占有率は縮小して、今後は世界経済の中心は米中へシフトすることが予想されます。

社会（Social）は、人口動態、文化の変遷、犯罪、世間の関心などが該当します。例えば、日本の人口減少・少子高齢化や新興国での環境問題の深刻化、クリーンエネルギーへのシフト、食糧やエネルギーの争奪戦などが予想されます。

技術（Technological）は、新技術の完成や新しい技術への投資などが該当します。例えば、AI（人工知能）やIoT、5G（第5世代移動通信）、自動運転、ブロックチェーン、コンピューターセキュリティなど、新たな技術が主役となって世界を変えていくでしょう。

以上、PEST分析は、マクロ環境の変化を4つの視点から洗い出します。ここで重要なのは、新しい事業を立ち上げる上で、機会（プラス）になるのか、もしくは脅威（マイナス）になるのかを判断し、その影響度を評価することです。

③市場・顧客をインプットする

次にインプットすべき情報は、市場・顧客に関する情報です。

市場については、**まず対象市場を決め、その市場規模がどれくらいかを検討します。**また、その市場でどれくらいの割合を自社が取るのか、新規事業の規模を予想します。

経営層やベンチャーキャピタリストなどが投資の意思決定をする上で最重要指標となります。テーマを選定する段階ではまだ不確実性が高いので、概算の予測値でかまいません。

すでに市場が存在するのであれば、各省庁や各業界団体、民間調査会社が発表しているデータや調査会社のレポートなどからおおよその市場規模を把握することができます。しかし、まったく新しい市場の場合は、市場自体が存在せず情報がないため、予測値をつくる必要があります。当然ながら正確にはわかりませんが、おおよその市場規模を計算します。代表的な方法としては、「顧客数×顧客単価×頻度」で概算値を導き出すことができます。概算値から事業規模を推定し、将来どうなりそうかの動向についてもある程度イメージしておくことが重要です。

次に、市場だけでなく、顧客の情報について着目することも重要です。『日経ものづくり』の調査結果で、「新規事業のアイデアをどのように得ているか？」といった問いに、「顧客の要望」から得ていると回答した企業が約57％存在し、最も多い回答でした（図表6）。

図表 6：新規事業のアイデアの源泉

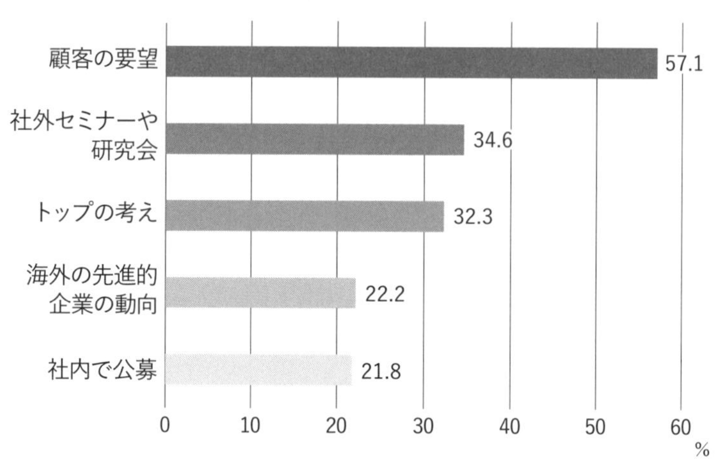

出典：日経ものづくり 2016 年 3 月号

「顧客の要望」をもう少し掘り下げて、**顧客の困りごとのなかでも、とりわけ潜在化している問題、さらにはその問題の解決策が他の企業にも横展開できるか、**その可能性も想定できているといいでしょう。ただ、まだテーマを選定する段階なので、おおよその状況が把握できれば結構です。事業テーマを確定して、ビジネスモデルを設計する段階では、これらの視点を徹底的に深く掘り下げます。

 ④自社の情報をインプットする

次にインプットすべき情報は、自社に関する情報です。**自社の強みと弱みを整理し、特に自社の優位性について理解しておく必要があります。**製造業においては技術面に焦点を当て、社内の視点、社外の視点の両面から確認してみましょう。

社内の視点では、自社の「コア技術」が活用できているか、もしくは自社の「有望技術」が活用できているかの２つの視点を確認しま

す。「コア技術」や「有望技術」を特定するためには、その技術の水準が競合他社の技術と比較して優位な状況にあるのか、同程度なのか、弱いかに分け（図表7の縦軸）、さらに技術の成熟度を、揺籃期、成長期、成熟期、衰退期に分けて（図表7の横軸）判断します。

図表7：自社の有望技術・コア技術

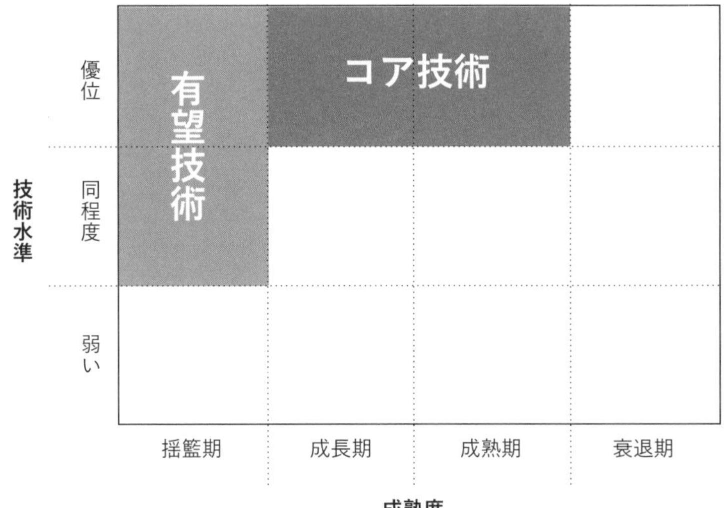

出典：「技術を強みとした新規事業開発の教科書」PWCコンサルティング

自社の「コア技術」は、技術水準が競合他社に比べて優位にあり、かつ技術の成熟度が成長期や成熟期に当てはまるものです。また、自社の「有望技術」は、技術水準が優位にあるかもしくは同程度にあるものであり、かつ揺籃期に当てはまるものです。

次に社外の視点では、社外の「有望技術」が活用できているかを確認します。社外の「有望技術」を特定するためには、その技術が新しい機能水準をもっているかの影響度が高い、中くらい、低いに分け（図表8の縦軸）、さらに技術の実現可能性を、高い（短い）、中くらい、低い（長い）に分けて（図表8の横軸）判断します。

図表8：社外の有望技術

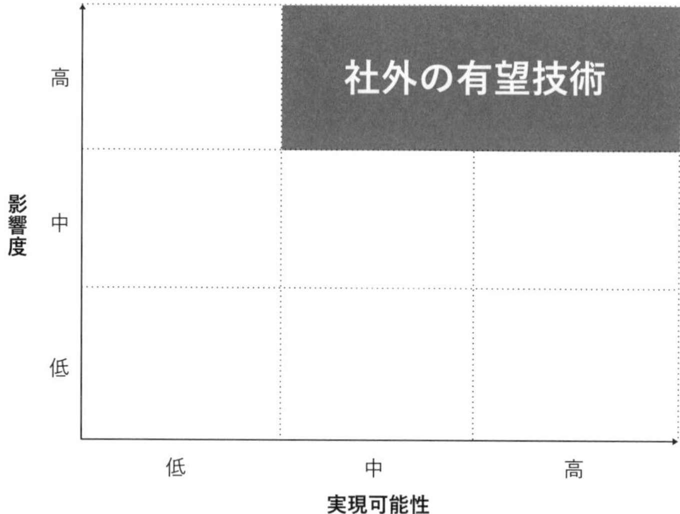

出典：「技術を強みとした新規事業開発の教科書」PWCコンサルティング

有望な社外技術は、影響度が高いものであり、かつ実現可能性が高い（短い）や中くらいに当てはまるものです。これらの判断が困難な場合は、技術に関する有識者の評価も考慮した上で判断するといいでしょう。製造業以外の企業は、これらの技術を自社の強みに置き換えて考えてみるといいでしょう。

⑤競合の情報をインプットする

次にインプットすべき情報は、競合の状況に関する情報です。

まず確認することは、すでに他社が取り組んでいないかです。すぐに思いつく事業テーマは必ず他社がすでに取り組んでいると考えたほうがいいでしょう。これらを完璧に調べることは困難ではありますが、公開されているものだけでも十分な情報を収集できます。他社がすでに取り組んでいたら、自社が提案するものとは何が異なるのかを明確にする必要があります。

また、**思いついた事業テーマのアイデアに代替となる製品・サービスがあるかを確認しましょう。**これには広い視点をもって確認することが必要です。

さらに、思いついた事業テーマを実現する上で、供給業者との交渉力の大きさも確認しましょう。自社のほうが交渉力が小さい場合、対策を考える必要があります。

最後に、全体を俯瞰して、提案する事業テーマを実現する成功要因を洗い出します。

以上、競合に関するインプットを説明してきましたが、これは現時点での調査になります。事業テーマを検討する際には、現在だけでなく、過去、未来についても調べておく必要があります。

過去とは、すでに他社が挑戦をして失敗していないかを確認し、失敗していた場合はその要因が何かを確認します。未来とは、同業の競合他社が参入しないか、あるいは他業種からの参入がないかの確認もしておく必要があるでしょう。

これらの自社の強みの分析や他社研究を行うことは、とても有効です。それを示すのが次の調査結果です（図表９）。

図表9：「中小企業の新規事業展開に関する調査」

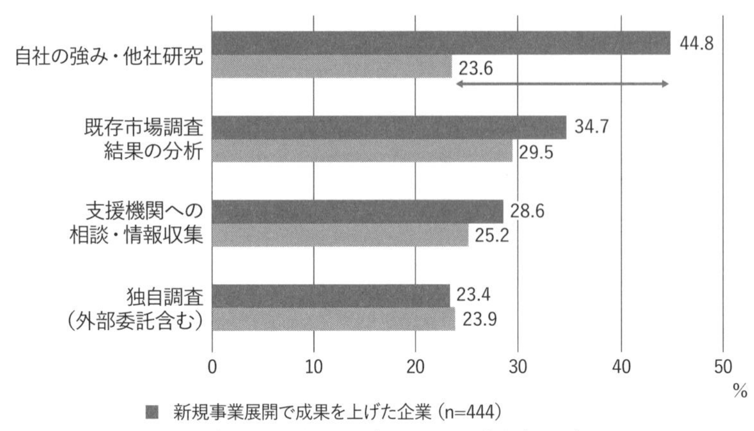

出典：中小企業庁委託（2012）（三菱 UFJ リサーチ＆コンサルティング）

新規事業で成果を上げた企業444社と成果を上げられなかった企業322社を対象に、事前の取り組みにおける違いを調査したところ、「自社の強み・他社研究」は、２倍もの差がありました。成果を上げるためには、自社の強みと他社研究を十分に行うことが成否を分けると言ってもいいでしょう。言い換えると、自社の資源を活用できなければ、企業内での新規事業を創造するメリットはなく、自社の強みを生かすにはどんな事業をすべきかといったアプローチは、成果に結びつきやすいと言えるのです。

⑥他社の成功事例をインプットする

次にインプットすべき情報は、他社の成功事例に関する情報です。**他社の成功事例を取り入れることで、新しい事業テーマを考えます。**それはサル真似で二番煎じになるのではないかと思われるかもしれませんが、そうではありません。

他社事例を参考にしようと言うと、同じ業界の事例を知りたいと考

える人も少なくありません。確かに、業界が同じであれば顧客層や業務の仕組みなど、視点がよく似ているので参考になります。しかし、だからといって、同業種のベストプラクティスを完全にコピーしたとしても（無理ですが）、その企業に追いつくだけです。そうではなく、同業者を出し抜くためにも、異なった業界の成功事例を学ぶことがお勧めです。同じ業界の事例を取り入れると、それは「模倣」になりますが、異なる業界の事例を取り入れると、「模倣」ではなく「イノベーション」につながることが多々あります。

例えば、トヨタの「カンバン方式」は、アメリカのスーパーマーケットからヒントを得て、「必要なときに、必要なものを、必要なだけ、後工程が前工程に取りに行く」「前工程は引かれた物を必要最小限、生産して補充しておく」といった生産方式が生まれました。あるいは、米スターバックスも最初はイタリアのエスプレッソ・カフェを取り入れ、それをベースに試行錯誤を重ねた結果、独自の「サード・プレイス（第三の空間）」という考え方が生まれました。

他社から成功事例を取り入れる場合、注意すべき点があります。それは、工夫を加えずにそのままを取り入れてしまうことです。そもそも他社とは異なる組織であり、企業の成り立ちなどの背景も異なるので、完全に模倣することは無理なのですが、他社の成功事例を咀嚼して、自社流にブラッシュアップをすることが必要です。

成功事例はできるだけ多くのパターンを知っておいたほうが有利です。特に、ビジネスモデルに着目して成功パターンを理解しておくといいでしょう。ビジネスモデルについては、次章で後述しますが、提供する価値パターンや収益の獲得方法（マネタイズ）、価値を生み出すオペレーションなどが挙げられます。一度に多くの成功事例を理解することは難しいので、日頃からアンテナを張り、問題意識をもって他社の成功事例を収集しておくことが重要です。

Formulate the plan of the new business

3 インプットした情報を最大限に活かす思考法

前項で説明した6つの視点で情報をインプットし、事業テーマ案を検討します。その**中心となる情報は、「市場・顧客」に関する情報と「自社」に関する情報です。これらを中心に組み合わせることで、事業テーマを考えます。**

アプローチ方法として、「市場・顧客」に関する情報を起点にする場合（マーケットイン）と、「自社」に関する情報を起点にする場合（プロダクトアウト）があります（図表10）。

図表10：マーケットインとプロダクトアウト

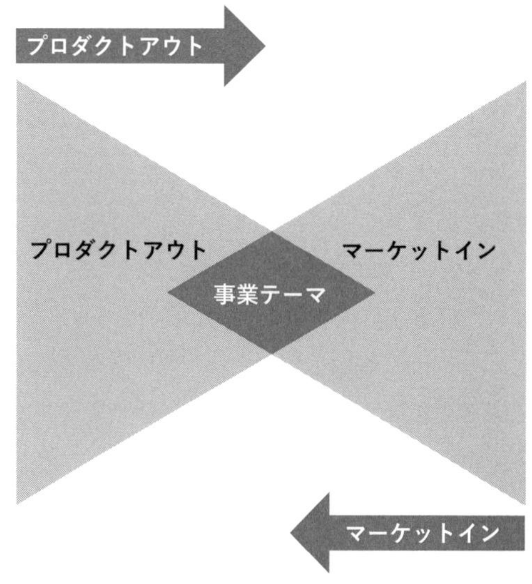

マーケットインは、顧客が切実に困っている問題を解決することから発想します。ここで注意をしなければならないことは、顧客の困りごとに着目した場合、他社も同じことを考えていることが多いため、差別化を図るために徹底して顧客の理解を深めることです。

また、顧客の困りごとを見つけたとしても、自社の技術を活用できないことも多くあります。その場合は他社の技術を利用することも可能ですが、優位性を持続することができません。マーケットインでは、この顧客の困りごとと自社の技術活用のマッチングが難しい点でもあります。

一方、プロダクトアウトは、自社の持つ技術などの強みを活用することから発想します。特に、日本の製造業では高い技術力を持っている企業も多いため、その技術力を活用した事業を提案しようと、プロダクトアウトの発想からアプローチをする場合が少なくありません。しかし、前述したように「高い技術力があれば売れるだろう」と考える人も多く、顧客が切実に困っている問題に紐づけされていない場面を多く見てきました。

どちらのアプローチが正しいというのはありません。発想のスタートはどちらでもかまいませんが、顧客の困りごとを解決できることと自社の技術など強みが活用できることが、うまく合致した事業テーマを見つけることが重要です。

事業テーマが決まらない場合の３つの対処方法

事業テーマを検討する場合に、ある程度、アイデアを出したけど、決定打となるアイデアがなく議論が膠着してしまう場合があります。その場合の対処方法を3つ紹介します。個人でも、チームでも対処方法は同じです。

１つは、**事業テーマを検討する前のインプットをもう一度やり直すこと**です。うまくいかない要因の１つとして、顧客の洞察や技術の理解など、インプットが不足していることが考えられます。とにかく数を出さなければというプレッシャーから、インプットをないがしろにしてアウトプットばかりに目が向いていることがあります。私が支援をしていたプロジェクトチームでも、事業アイデアが100以上出てきたものの、ほとんどが誰でも思いつくようなものだったり、すでに似たようなものが存在していたりしたため、議論が進まなくなっていました。これは明らかにインプットする情報の不足によるものです。

２つ目は、**組み合わせて考えること**です。およそ100年前の経済学者であるシュンペーターは、経済の発展は企業のイノベーションによって可能になると主張しました。当初、シュンペーターは、イノベーションを「新結合」という言葉を用いて表現していました。つまり、既存のものと既存のものを組み合わせることで、革新的なものが生まれるということです。新しいアイデアを発想する場合、世の中にないものを意識しすぎて、ゼロから１を生みだそうとしてしまいがちですが、実際に世の中のイノベーションをみると、既存のものと既存のものを組みあわせて新しいものを生み出しているものが多いのです。例えば、2007年に発売されたiPhoneは、電話とiPodとパソコンの既存の3つを掛け合わせて新しく創られたものです。このように、既存のアイデアを組み合わせて考えることで、アイデアが飛躍するのです。

３つ目は、**発想力を高めるフレームワークを活用すること**です。発想力を高めるフレームワークは、数多くあります。例えば、「強制組み合わせ法」「チェックリスト法」「連想法」などです。

なかでも強制組み合わせ法はよく活用されています。軸を2つ決めて、それぞれに含まれる各要素を網羅的に組み合わせていき、新しいアイデアにつながらないかを検討します。既存のものを組み合わせて考える際にも有効なフレームワークです（図表11）。例えば、軸を外部環境のトレンドと内部資源の強みの２つにし、それらを網羅的に組み合わせて新しいアイデアを考えたりします。

図表11：強制組み合わせ思考法

	AI	Iot	5G	顔認証技術	
高齢化					
子育て					
働き方					
ヘルスケア					
農業					
・					
・					

チェックリスト法は、テーマ・対象を決め、あらかじめ準備したチェックリストに答えることでアイデアを生み出します。有名なのは、オズボーンのチェックリストで、「転用」「応用」「変更」「拡大」「縮小」「代用」「再利用」「逆点」「結合」の９つの項目を検討してアイデアを膨らませます。

連想法は、あるテーマ・対象について連想を広げて、アイデアの数を増やします。連想を広げるためには、次の4つの視点から検討することが有効です。近くにあるものや属するものを連想する「接近」、似ているものや共通点を連想する「類似」、反対のものや対立するものを連想する「対象」、原因あるいは結果という因果関係を連想する「因果」といった視点です。

発想力を高めるフレームワークは他にも様々ありますが、あくまでもツールなので、膠着を打破するきっかけとして活用してみて、それでも膠着状態を抜け出せないようなら他のフレームワークに乗り換える柔軟性を持つことも大切です。

事業アイデアを定量的に評価する

事業テーマのアイデアを発想した後は、最終的にどのテーマに取り組むのかを選択する必要があります。ここでは、発散したアイデアを収束させる方法を説明します。収束させる方法は数多くありますが、今回はマトリクスを活用して定量的に判断する方法を使います。事業テーマを選定する際に重視する評価項目を数値化することで、チーム内でも納得度が高まり、合意形成が進みます。

マトリクスを活用して定量的に判断する

マトリクスを活用するために、まず縦軸に発散した事業テーマのアイデアを、横軸には事業テーマを選定するための評価基準を記述します（図表12）。そして、それぞれの事業テーマのアイデアに対して、評価基準を5段階で評価していきます（相対的に見て、最も高い評価が「５」、平均的であれば「３」、最も低い評価が「１」となります）。

では、８つの評価基準について具体的に見てみましょう。

「取り組む意義」は、先述した通り、「自社のミッションやビジョン」「社会からの要請」「世の中の問題」「実現したい未来」などの視点から、自社が事業として取り組む妥当性を評価します。

「市場の魅力度」は、こちらも先述した通り、市場規模が十分ありそうか、また市場の成長性が見込めるかどうかを評価します。また、顧客についても、顧客が抱える問題を解決できるのか、横展開をした場合の可能性を評価します。

図表12：事業アイデアを収束するためのマトリクス

専業テーマアイデア	取り組む意義	市場の魅力度	自社の優位性	競合状況	収益性	新規性	実現度	熱意

「自社の優位性」は、自社の強みが活かせそうか、製造業であれば、自社が持つ「コア技術」や「有望技術」が最大限に活かせるかを評価します。

「競合状況」については、改めて、他社がすでに提供していないか、他社が代替できそうではないかといった視点で評価します。

「収益性」は、言うまでもなく大きな収益が見込めるかを確認します。ただし、新規事業の場合、最初から大きな収益を見込むのは困難であることは念頭に入れておきましょう。

「新規性」は、新しい事業なので、新規性がなければ新規事業とは言えません。世の中にない新しいものなのか、自社にとって新しいものなのかを評価します。

「実現度」は、技術的に実現可能か、実現するタイミングかといった視点で評価します。ここで気をつけたいのは、実現度を重視しすぎないことです。なぜなら、新規事業は実現が困難であることが前提にあるので、重視しすぎると挑戦をあきらめてしまう可能性があるからです。実現性は努力ややり方次第で可能になる場合もあることは意識しておきましょう。

最後の**「熱意」**はどれよりも重視すべき項目です。精神論だけで新規事業がうまくいくわけではないですが、新規事業を進めていくと必ず困難な状況にぶち当たります。その苦しいときを乗り越えるためには、熱意がなければ難しいからです。

それぞれの事業テーマのアイデアに対して、８つの評価基準で５段階評価をした後、数値を合計します。合計点から判断し、取り組む事業テーマを決めていきます。**注意してほしいのは、単に高い点数だから機械的に決めてはいけない点です。**あくまでも、合計点は参考値としてください。なぜなら、それぞれの評価基準に重みづけをしていないからです。私は評価基準の項目の中でも、「熱意」を最も重要だと考えているので、合計点が高く、かつ「熱意」の評価が高いアイデアを選定することをお勧めしています。（もっと精緻に判断したい人は、少し複雑になりますが、それぞれの評価視点に重みづけをして合計点を出してください。）

新規事業の取り組みを進めていく上で、事業テーマを変更することもあり得ますので、この段階で１つに絞り込むことはありません。候補として３つ程度に絞り込むのがいいでしょう。

事業テーマの妥当性を確認する

事業テーマのアイデアを絞り込んだら、優先度の高いものからその妥当性を確認します。十分なインプットをした上で選んだアイデアですが、魅力があるのか、市場に受け入れられるのか、可能性があるのかなどを検証する必要があります。検証は、ヒアリングを中心に行います。この段階では、できるだけ様々な関係者に検証をするほうがいいでしょう。ターゲットとなるであろう顧客だったり、価値創造を実現する技術に関する専門家だったり、あるいは、上司をはじめ社内の人に確認しましょう。

様々な関係者にヒアリングをしていると、偶然、その筋に詳しい人の紹介を受けたりすることがあります。後に、その偶然紹介してもらった人が、新規事業を進める上で重要なキーマンだったということも多々あります。偶然出会った人がきっかけで、取り組みのドライブがかかったということも少なくありません。

新規事業では、この「偶発性」をうまく取り込むことが大事です。ただ、「偶発性」は計画をして得ることができないため、このあたりが新規事業の難しさでもありますが……。とにかく、可能な限り様々な意見を参考にしながら、事業テーマを最終的に決定しましょう。

事業テーマ選びで注意すべき点

事業テーマを選定する場合の考え方や進め方を説明してきましたが、最後に注意すべき点に触れておきます。**事業テーマ選定の際になかなか決まらずに、何度も考え直すチームの特徴は主に3点あります。1つは「流行りものに手を出す」、もう1つは「安易に成長市場に参入する」、最後に「事業間の相乗効果を考えない」です。**

「流行りものに手を出す」は、2つの傾向に分かれます。

1つは、トレンドとなっているビジネスモデルを自社に取り入れたいと考えて、事業テーマを決めてしまうパターンです。例えば、シェアリングエコノミーやサブスクリプションというキーワードは、耳にしない日がないくらいメディアでも飛び交っています。流行っているからという理由で、自社の事業としてやってみようとしても、顧客の抱える問題や提供しようとする価値が深く考えられていなければ、安易に流行りのビジネスモデルを導入してもうまくいきません。

もう1つのパターンは、最新技術に依存して事業テーマを決めてしまうことです。例えば、AI（人工知能）やIoT（Internet of Things）などが挙げられます。AIさえ導入すれば、何か新しい事業が生まれるのではという理由で、事業テーマを決めてしまうケースです。これも提案する価値との紐づけがなされていないとうまくいきません。

次は、「安易に成長市場に参入する」場合です。例えば、政府が「働き方改革」を推進しているからといって、あまり考えずに事業テーマに設定してしまうケースです。今後、市場規模がさらに大きくなり成長が見込めるため、とても魅力があるのでわからないでもないですが、当然ながら、競合他社も同じようにその市場を狙っています。すると、激しい競争にさらされるため、よほどの差別化が図れない限り成功は難しいでしょう。一時的に収益を確保することはできるかもしれませんが、優位性を持続することは極めて難しいです。したがって、成長市場に参入すること自体は悪いことではありませんが、自社の強みを活かして差別化が図れることを意識した事業計画を検討する必要があります。

最後に、「事業間の相乗効果を考えない」場合です。これは、先述した安易に成長市場に参入することにもつながりますが、市場が成長していることに乗っかり、次々と新しい事業を立ち上げたものの、相乗効果が生まれていないことがあります。その結果、既存事業である本業がおろそかになってしまい、会社全体の業績を落としてしまうことがあります。かつて、1960～80年代の米国の企業は、まったく異なる業種への参入を繰り返し、コングロマリットを形成した時期がありましたが、結局、期待した相乗効果が得られずに収益が悪化し、競争力を失った企業も少なからずありました。現場では、事業間の相乗効果という視点は希薄かもしれませんが、投資をする側の経営幹部たちは、このような視点をもって事業テーマを評価するので注意しておきたい点です。

第3章

ビジネスモデル キャンバスの書き方

How to write Business Model Canvas

ビジネスモデルの定義を知ろう

新規事業で何をするかが決まったら、次はビジネスモデルを設計します。本章では、ビジネスモデル・キャンバスの書き方を説明しますが、その前にビジネスモデルについて概観していきます。

ビジネスモデルという用語は、1990年代のインターネットの急激な普及によって「ネットビジネス」が台頭した頃にビジネスの仕組みを説明する際に頻繁に使われるようになりました。しかし、2000年代以降ネットバブルが崩壊すると、ネットビジネスの仕組みだけを説明するものではなく、ビジネス全般の仕組みを説明するものへと変化します。各企業の事業の整理や統廃合による再建が行われ、投資が回復傾向に向かい、新たな事業を生み出そうとしたからです。その際、イノベーションを創出し、持続した優位性を構築するためには、ビジネスモデルで説明することが有効だったのです。

ただ、今日使われているビジネスモデルには、必ずしも定まった定義があるとは言えません。多くの研究者がそれぞれ違った定義をしていますので、それらのビジネスモデルの定義を見てみましょう。

ビジネスモデルの見解❶ Amit and Zott (2001)

Amit and Zott (2001) はビジネスモデルを次のように定義しています。

「ビジネスモデルは、ビジネス機会の活用を通じて、価値を創造するための取引内容や構造、ガバナンスに関する設計」

ビジネスモデルが有効に機能するためには、「価値の創造」「社内外の取引の構造化」「ガバナンスの選定」「俯瞰性のある全体的なデザイン」が必要であると言及しています。彼らのビジネスモデルの定義で特筆すべき点は、ガバナンス統治を含め広い概念でビジネスモデルを捉えている点が特徴的です。

ビジネスモデルの見解❷ 加護野（2004）

加護野（2004）はビジネスモデルを次のように定義しています。

「経営資源を一定の仕組みでシステム化したものであり、その活動を自社で担当するか、社外の様々な取引相手との間にどのような関係を築くか、を選択し、分業の構造、インセンティブのシステム、情報、モノ、カネの流れの設計の結果として生み出されるシステム」

加護野（2004）は、ビジネスモデルという言葉を用いずに、事業システムという言葉で説明していますが、ほぼ同じ概念であると自ら言及しているため、ビジネスモデルの定義として取り上げています。

事業システムは、製品やサービスと異なり、可視化できずかつ持続する性質をもっており、経営資源を一定の仕組みでシステム化した「差別化」が特徴です。事業システムを設計するためには、どの活動を自社で担当するか、社外の様々な取引相手との間にどのようにシステムを築くかの選択がもっとも重要であると指摘しています。経営資源を一定の仕組みでシステム化した点に着目しており、競争優位の源泉として差別化できる点においてとても興味深い定義です。

ビジネスモデルの見解❸ Johnson（2010）

Johnson（2010）はビジネスモデルを次のように定義しています。

「ビジネスモデルは、ビジネスが顧客と企業の双方にとっての価値をどのようにして創造・提供するかを表現したもの」

企業が成功を収めるためには、製品やサービスではなくビジネスモデルそのもののイノベーションを成し遂げなければならないとしています。ビジネスモデルをイノベーションするために考慮すべき要素は、４つの箱である「顧客価値提案」「利益方程式」「主要経営資源」「主要業務プロセス」から構成されています（図表１）。これら４つの要素が互いに関連し合っていて、４つの要素のうち１つ要素が変化すると、他の３つの要素すべてに影響を及ぼすことを強調しています。

図表1：ビジネスモデル「4つの箱」

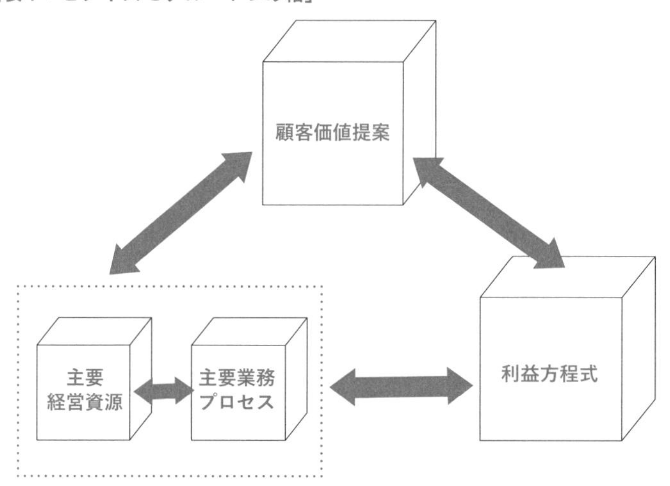

出典：『ホワイトスペース戦略』マーク・ジョンソン

先行研究のビジネスモデルの定義

以上、３つのビジネスモデルの定義を紹介しました。この他にも多くの研究者がそれぞれ異なる定義をしていますが、違いはどこの領域に焦点を当てているかが異なっているからだと言えるでしょう。

私は様々な研究者たちの定義を踏まえて、領域を５つに分けて整理をしました。もっとも狭く捉えているのが「収益」の領域であり、次に、「(収益を含む) 顧客価値・バリューチェーン」の領域、もっとも広く捉えているのが、「(収益、顧客価値・バリューチェーンを含む) 競争」もしくは「(収益、顧客価値・バリューチェーンを含む) ガバナンス」の領域としました (図表２)。

図表 2：各先行研究者の主な研究領域に焦点を当てたマトリクス

主な研究領域 先行研究者	収益	顧客価値	バリューチェーン	競争	ガバナンス
・Afuah (2003)	○				
・Johnson(2010)	○	○	○		
・加護野（2004） ・今枝（2014）	○	○	○	○	
・Amit and Zott（2001） ・寺本・岩崎（2007）	○	○	○		○

私のビジネスモデルに対する考えは、加護野 (2004)、今枝 (2014) が定義したように、「(収益、顧客価値・バリューチェーンを含む) 競争」の要素を含めた考えに近いです。**ビジネスモデルには少なくとも収益、顧客価値、バリューチェーンの３つの要素が備わっている必要があると多くの研究者が主張しており、その点は同意しますが、さらに「競争」の要素を加えるべきだと考えます。**企業は競争に勝ち抜くために独自の戦略を策定・遂行しますが、それだけでは競争優位を維持することが難しく、戦略を支える社内の仕組みや経営資源を設計するビジネスモデルにこそ、優位性の源泉があると考えるからです。

 優れたビジネスモデルの条件

先述したAmit and Zott（2001）は、優れたビジネスモデルの条件についても研究をしました。その**条件とは、①効率性（Efficiency）、②補完性（Complementarities）、③囲い込み（Lock-In）、④新規性（Novelty）」の４つである**と言及しています。（図表３）。新規事業を創造する上でこれら４つの条件によるビジネスモデルの裏付けがないと、持続的に優位に立てないと言えることを示唆しました。

①効率性は、従来よりも取引上のコストが抑えられるビジネスデザインを示しています。取引コストを抑える設計にすることによって、適正な利益を確保することにつながります。コスト構造を劇的に変えるためには、既存事業をベースに考えてしまうと改善レベルに留まってしまうため、ゼロベースでコスト構造を検討することが有効です。

②補完性は、一言で言うと、シナジー効果が得られることです。複数の取引主体を結びつけることで、単体では得られなかった効果を得ることです。例えば、家庭用ゲーム機で考えてみましょう。家庭用ゲーム機には、ゲームを操作するためのハード機器が必要です。また、様々なコンテンツを楽しむためのソフトウェアも必要です。ハード機器がたくさん売れれば、それに伴ってソフトウェアも売れます。ソフトウェアがたくさん売れると、それに伴ってハードウェアもたくさん売れます。さらにハードウェアがたくさん売れると・・・といった具合に、相乗効果がみられます。

③囲い込みは、顧客が他社へスイッチすることが容易ではない状況を創り出すことです。代表的なものに、ネットワーク効果があります。ネットワーク効果とは、より多くの顧客がネットワークに参加してモノやサービスを利用することで価値が増幅することを言います。例えば、米フェイスブックは、ネットワークに参加してサービスを享受しますが、利用者が増えれば増えるほど価値が増幅します。フェイ

図表3：優れたビジネスモデルの条件

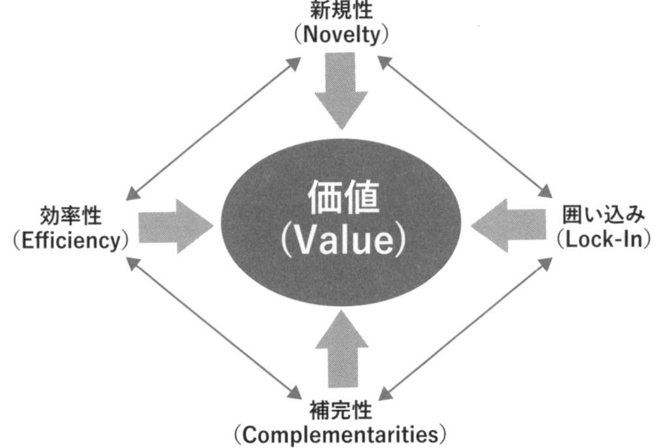

出典：『Value Creation in E-Business』Amit and Zott

スブックを2人でやっていても楽しくありません。つまり、顧客を他社の製品・サービスに移らないようにすることが可能になります。

④新規性とは、いわゆるイノベーションのことです。ここでのイノベーションは、技術的なイノベーションだけではなく、取引主体との関係や構造も含みます。

これら4つの条件をすべて実現することは容易ではありません。Amit and Zottは、①〜④の条件のうち、企業価値を高める影響の程度をそれぞれ分析する研究も行いました。その結果、もっとも影響が大きいのは、新規性を追求することでした。これは、4つのうち1つでも条件を実現できるようにビジネスモデルを設計する際に、意識しておきたい点です。

また、私はAmit and Zottが言及した優れたビジネスモデルの4つの条件に、「継続性」を追加することが必要だと考えます。なぜなら、ビジネスはゴーイング・コンサーンと呼ばれるように継続した事業が求められるからです。そのためには、継続して価値を提供できるようにしなければなりません。

ビジネスモデルキャンバスとは?

さて、前項ではビジネスモデルの定義について概観しましたが、いかがでしょうか? 少し難しく感じる人もいるでしょう。さらにビジネスモデルを理解できたとしても、ビジネスモデルを設計することは容易ではありません。その手助けとなるのが、これから紹介するビジネスモデルを設計するためのフレームワーク「ビジネスモデル・キャンバス」です。

ビジネスモデル・キャンバスについて

ビジネスモデル・キャンバスは、2010年にアレックス・オスターワルダーとイヴ・ピニュール（Alexander Osterwalder & Yves Pigneur）が、ビジネスモデルを設計して実現する方法、あるいは既存のビジネスモデルを分析して変革する方法として提唱しました。

ビジネスモデル・キャンバスは、ビジネスモデルを９つのブロックに分類して、それぞれが相互にどのようにかかわっているのかを図示したものです（図表４）。この９つのブロックを記入していくと、ビジネスモデルを設計できるようになっています。

2012年に翔泳社から出版された『ビジネスモデル・ジェネレーション』をきっかけとして、日本に入ってきたビジネスモデル・キャンバスは、大企業を中心に多くの企業で新規事業の創出のツール、既存事業の見直しや拡大をするためのツールとして活用されています。

図表 4：ビジネスモデル・キャンバス

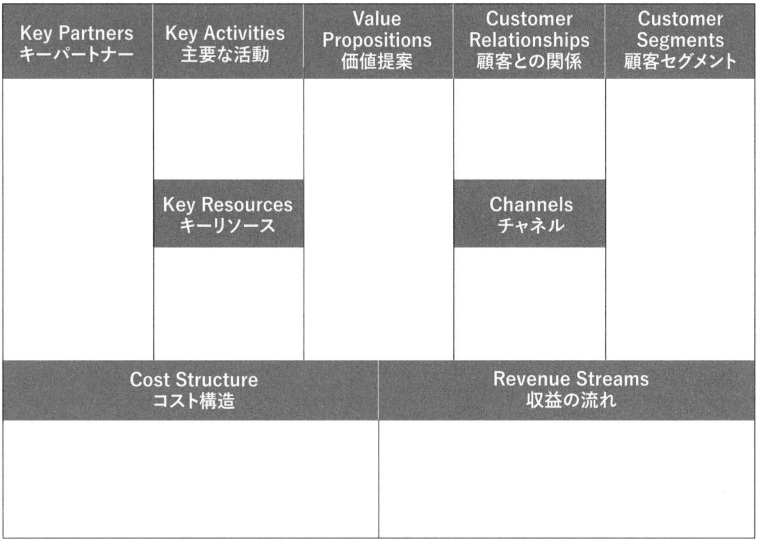

Key Partners
キーパートナー

Key Activities
主要な活動

Key Resources
キーリソース

Value Propositions
価値提案

Customer Relationships
顧客との関係

Channels
チャネル

Customer Segments
顧客セグメント

Cost Structure
コスト構造

Revenue Streams
収益の流れ

ビジネスモデル キャンバス導入のメリット

ビジネスモデル・キャンバスを導入するメリットは、主に３つあります。**第一に、ビジネスモデルを容易に設計ができること。第二に、組織内でのコミュニケーションツールとなること。第三に、ビジネスモデルを検証するのに相性がいいこと**です（図表５）。

図表５：ビジネスモデル・キャンバスを導入するメリット

①ビジネスモデルを容易に設計できる	②組織内でのコミュニケーションツールとなる	③ビジネスモデルの検証に相性がいい

メリット❶ ビジネスモデルを容易に設計できる

ビジネスモデル・キャンバスを活用すれば、一枚でビジネスモデルを図示できるためとてもシンプルでわかりやすく、かつ９つのブロックを書き入れることでビジネスモデルに欠かせない構成要素を抜け漏れなく設計することができます。また、それぞれのブロックを断片的に考えるのではなく紐づけて考えることで、価値を創造するために必要な取り組みを検討できるようになっています。

また、顧客が抱える切実な問題を解決できる価値を生み出せるという点で大きな効果を発揮します。ビジネスモデル・キャンバスでは、顧客が抱える切実な問題を表面的に捉えるのではなく、徹底的に深掘りして追求します。そして、それらの問題と紐づけて解決できる価値を検討します。そのため自ずと顧客視点での価値提供ができるようになります。

プロダクトアウト志向（企業がもつ技術偏重の理論を優先させる考え方）の企業では、特に効果を発揮できると言えます。継続してビジネスモデル・キャンバスを活用することで、顧客志向の組織に変わることもできます。かつて私が支援していた顧客で、ビジネスモデル・キャンバスを導入して新規事業の開発を進めていた製造業のクライアントでも、新規事業の提案に対する経営幹部のアドバイスが、今までは技術中心のものが多かったのが、顧客の困りごとにフォーカスをしたものに変わったり、顧客が求める価値について徹底的に言及するなど、顧客視点から事業を考えるようになりました。これは、ビジネスモデル・キャンバスを導入した効果だと考えています。

価値提供と収益獲得を紐づけることができる

ビジネスモデル・キャンバスでは、**検討したアイデア（価値）をどのように収益に変えるかを考えます。**いいアイデアにもかかわらず、お金に変えるという意識が希薄なため、儲からない事業となってしまうことも多くあります。しかし、企業はボランティアではなくビジネスをしているわけですから稼ぐことを強く意識しなければなりません。かつて収益獲得モデルで多かったのは、「製品を作って（あるいは商品を仕入れて）それを販売し、収益を得る」という一回売り切りのフロー型ビジネスが主流でした。しかし、昨今では安定した収益の獲得が求められているので、「製品・サービスを提供し続けて、収益を得る」といった継続的に取引を続けるストック型のビジネスが求められています。そのためには、継続的に顧客が求める価値を提供できていなければなりません。ビジネスモデル・キャンバスでは、継続した価値提供と収益獲得を紐づけて検討します。

継続して価値を提供するための仕組みを生み出せる

価値を提供し続けるためには、継続して価値を生み出すためのプロセスや仕組みを構築する必要があります。その構築にあたって、ビジネスモデル・キャンバスでは、どのようなリソースを活用するのか、どのようなパートナーと組むのか、どのような活動を重視する必要があるのかを考えます。これらの観点と、継続した価値の創出とを紐づけて検討します。製品やサービスにおいて差別化が図れたとしても優位性が一過性で終わることも多いですが、価値を生み出すプロセスや仕組みの構築において差別化を図ることができれば、持続して優位性を発揮することができるので、この点はとても重要です。

メリット❷ 組織内でのコミュニケーションツールとなる

ビジネスモデルを議論する際に、組織内の共通言語として活用することができます。ビジネスモデルの議論で噛み合わない場合がよくあります。なぜなら、営業やマーケティング、開発者や技術者、さらには経営幹部など、様々な立場の人たちがビジネスモデルの設計に関与し、それぞれの立場から一方的に主張することが多いからです。しかし、ビジネスモデル・キャンバスを活用すると、構造化されたビジネスを俯瞰することができるため、異なる立場の主張を理解した上で議論を進めることができるようになります。私が支援をするクライアントでは、ビジネスモデル・キャンバスを導入して3年ほど経過していますが、ビジネスモデル・キャンバスを共通言語として当たり前のように活用しています。その結果、円滑に議論を進めることができ、本質的な議論を行うことができています。浸透させるためには、少し時間がかかりますが、とりわけ、大企業は機能別の縦割りの組織となっていることが多いため、大きな効果を発揮します。

 メリット❸ ビジネスモデルを検証するのに相性がいい

ビジネスモデル・キャンバスを活用する場合、ラフなアイデアをビジネスモデル・キャンバスに落とし込む場合と、そのアイデアを機能させるために詳細に書く場合に分けることができます。

ラフなアイデアをビジネスモデルに落とし込むというのは、ビジネスモデル設計の初期の段階で、まずは主要なブロックだけを書き、アイデアの概略を設計します。米アマゾンのCEOであるジェフ・ベゾスが創業する前に、ビジネスモデルを紙ナプキンに書いた話は有名ですが、このような初期の段階です。

ちなみに米アマゾンの初期のビジネスモデルは次の通りです。アマゾンが「Growth（事業成長）」するために、2つの価値提案「Selection（品揃え）」と「Lower Prices（低価格）」によって、「Customer Experience（顧客の経験価値）」が高まるとしています。「Customer Experience（顧客の経験価値）」が高まると、「Traffic（往来）」が多くなり購入する人が増え、「Sellers（販売者）」も多く集まるようになり、「Selection（品揃え）」が実現できると説明しています。一方、「Lower Prices（低価格）」の実現は、「Lower Cost Structure（低コスト構造）を作ることで可能としています。これら2つのループが強化されれば「Customer Experience（顧客の経験価値）」が高まり続け、事業が成長しつづけるというモデルです（図表6）。

ビジネスモデルの設計がまだ初期の段階で、完璧なビジネスモデル・キャンバスを書こうとか、100点満点のビジネスモデル・キャンバスを作ろうしないでください。なぜなら、いきなりビジネスモデルが完成するわけではないからです。「誰に」「何を」といった基本的なブロックが書けたら、思いついたブロックから、あるいはわかるブロックから記述することをお勧めします。わからないところは空欄でもかまいません。

第3章

図表6：米アマゾンのビジネスモデル

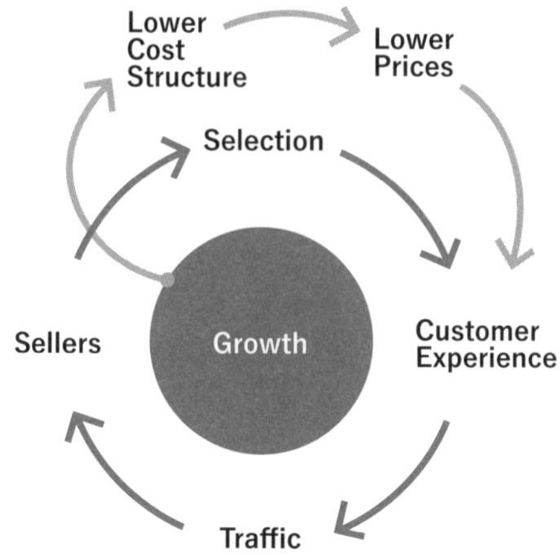

出典 :Amazon ホームページ

初期の段階では、ビジネスモデル・キャンバスはプロトタイプのような使い方が理想です。ブロックに書かれている内容の仮説を立て、検証を繰り返しながら議論を重ね、追加したり、削除することで、ビジネスモデルの完成度を徐々に高めていきます。ビジネスモデル・キャンバスは一枚で図示しているため、ビジネスモデルを構成する各ブロックとその関係性を考慮しながら、容易に再設計することができるため、仮説・検証をするためにはとても相性がいいと言えます。

次に、アイデアを機能させるために詳細に書く場合です。これは完成されたビジネスモデルを目指します。それぞれのブロックに書かれる内容の精度を求め、さらに仮説・検証を繰り返します。また、それぞれのブロック間の関係性も考慮して、事業が成長しつづけるモデルを書いていきます。

本書では、前者の初期段階のラフなアイデアをビジネスモデル・キャンバスに落とし込む段階を経て、後者のビジネスを構成するそれぞれのブロックを機能させるために詳細に書くことに焦点を当てて、ビジネスモデル・キャンバスの書き方を解説します。

ビジネスモデルの完成度を高める2つのこと

ビジネスモデル・キャンバスを作成に入る前に、大切なことが2つあります。それは、「3つの目を意識する」と「マーケティングの基本」です。

3つの目を意識する

ビジネスモデル・キャンバスを作成する際、3つの目を意識してください。それは、**鳥の目、虫の目、魚の目**です（図表7）。

図表7：3つの目

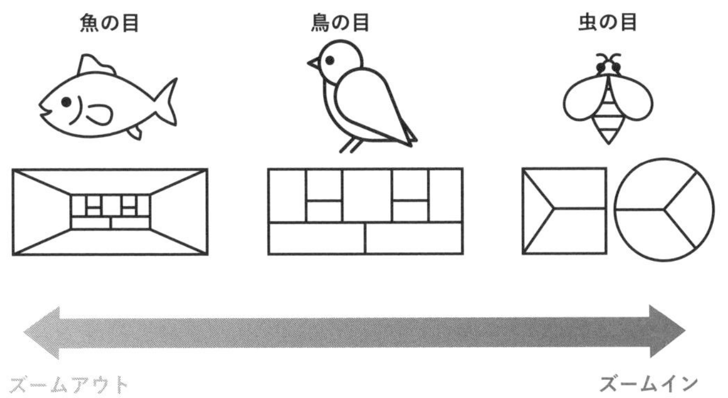

出典：『ビジネスモデルデザインの道具箱』白井 和康

鳥の目は、自社のビジネスの構造を遠くから俯瞰する目です。目線としては、大企業であれば事業部長の視点、中小企業であれば経営者の視点で記述してください。ビジネスの全体の構造を常に意識しておくことが必要です。

しかし、ビジネスの全体の構造を俯瞰するだけではビジネスモデルを設計することはできません。なぜなら、顧客が求める価値を提供するためには、顧客が切実に困っている問題など細かな点を把握する必要があるからです。そのためには、虫の目が必要となります。

虫の目は、ターゲットとする顧客を近くから観察する目です。現場の目線から顧客が切実に困っている問題や求める価値を検討する必要があります。

次が、魚の目です。魚の目とは、世の中の大きな動きを幅広く展望する目です。世の中の動きを知らずして、ビジネスモデルを設計するのは危険です。常に事業環境に関する情報にアンテナを張っておく必要があります。私はクライアントから設計したビジネスモデルをレビューしてほしいという依頼を受けることが多いですが、同じようなビジネスモデルが最近の新聞に載っていたということがよくあります。世の中ではたくさんのビジネスが検討されており、すぐ思いつくようなビジネスモデルはすでに検討されていると考えたほうが無難です。ですから、世の中の動きを捉えて未来を洞察しながらビジネスモデルを設計することが必要になるのです。

世の中の動きを捉える際に、インターネットで情報収集することが多いと思います。タイムリーに収集できるのでいいのですが、それだけだと自分の関心がある情報だけを収集していることが多く、抜け漏れが起こりえます。現時点の私のお勧めとしては、とてもアナログですが日経新聞に日々目を通すことです。タイムリー性には欠けますが、網羅的に世の中の動きを捉えることができます。日経新聞やインターネットでの情報収集に加えて、世の中に公開されていないような情報、例えば、顧客の声や異業種のセミナーで得た情報などを収集することが必要です。

このように、魚の目で世の中の動きを幅広く展望しながら、鳥の目に戻り、さらには虫の目で顧客を観察するといったズームアウトとズームインを繰り返しながらビジネスモデル・キャンバスを作成するようにしてください。

マーケティングの基本を理解しておく

新規事業を検討する前に、市場や顧客を理解することの重要性を認識しておく、さらにはその方法を知っておく必要があります。最低でも、マーケティングの基本は理解しておきましょう。ビジネスモデル・キャンバスの作成では、市場や顧客について深く掘り下げ、顧客が求める価値を検討します。ですから、マーケティングの基本を理解していないと、ビジネスモデル・キャンバスの９つのブロックを単に埋めるだけになってしまい、表面的で薄っぺらいビジネスモデルになってしまいます。

ビジネスモデル・キャンバスの書き方の本論に入る前に、ここで**マーケティングの基本として「STPP」について確認をしておきましょう。**（すでにマーケティングを理解している人は、読み飛ばしてください。）

「STPP」は、マーケティングの世界的権威であるフィリップ・コトラーが提唱したもので、マーケティング戦略を策定する際の進め方であり、ステップを示しています（図表８）。「STPP」の順序で検討するとマーケティング戦略が策定できるようになります（マーケティング戦略の形にはなりますが、もちろん完成度は別です）。

「STPP」の最初の「S」は、**セグメンテーション（Segmentation）**の「S」を示しています。セグメンテーションとは、標的とする市場を絞り込む（分ける）ことです。

市場を絞り込んだら、次にターゲットとする顧客層を決めます。こ

図表8：STTP

S T P P

れが**ターゲティング（Targeting）**であり、2番目にある「T」のことです。このように、マーケティングではまず顧客を絞り込んで特定します。マーケティングで絶対にしてはならないのは、すべての顧客に売ろうとすることです。なぜなら、顧客を絞り込めば絞り込むほど、提供する価値が差別化しやすくなるからです。業績のいい会社を見れば、顧客を絞り込んで、その顧客が求める価値を提供しているのがわかります。

ターゲットとなる顧客を絞り込んだら、その顧客が求める価値を検討します。3番目にある「P」は**ポジショニング（Positioning）**の「P」です。一言で言い換えると、「価値」です。価値は相対的なものです。例えば、高品質なものを提供しているからといって価値があるとは限りません。なぜなら、いくら品質が高くても他社も同じように高い品質のものを提供しているのであれば、差別化ができないからです。したがって、他社がどのような価値を提供しているのかを踏まえた上で自社がどんな価値を提供しているのか、つまりどこにポジションをとりながら価値提供をするのかを考える必要があります。ここまでで、「誰に（Who）」「何を（What）」を検討しました（図表9）。

図表9：STPP（「誰に（Who)」、「何を（What)」を書き入れ）

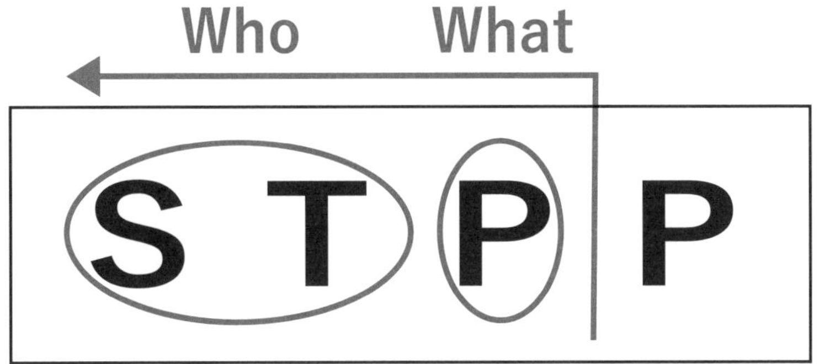

次に、最後の「P」を考えます。これは、**マーケティング・ミックスと呼ばれ「4P」の「P」を示しています。「4P」とは、製品（Product)、価格（Price)、チャネル（Place)、プロモーション（Promotion）**の4つの英単語の頭文字をとったものです。これら4つの視点から、製品・サービスの売り方を考えます。つまり、「どのように販売するか(How)」を検討します。

このように、「STPP」に沿って検討を進めると、「誰に（Who)」「何を（What)」「どのように販売するか（How)」といった要素が明確になり、マーケティング戦略を策定することができます（図表10)。ビジネスモデル・キャンバスを作成する前に、まずはこの「STPP」をよく理解しておく必要があります。

いよいよ、次項からビジネスモデルキャンバスの書き方に入っていきます。すでに述べたようにビジネスモデルキャンバスには9つのブロックがありますので、書くべき順番も考慮しながら1つずつ考え方と書き方を解説していきます。

図表 10：STPP（「どのように販売するか（How)」を書き入れ）

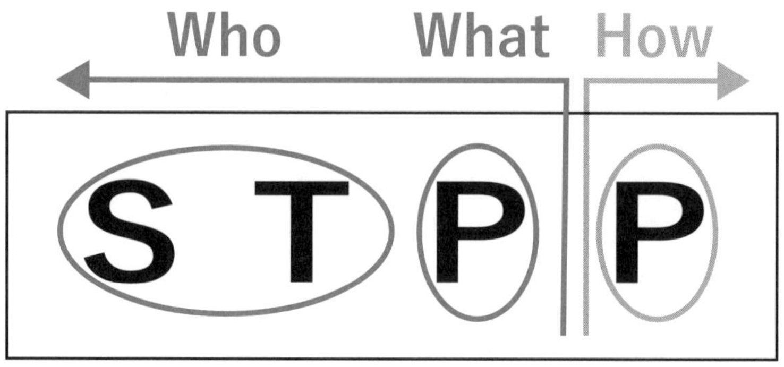

ビジネスモデルキャンバスの書き方
顧客セグメント

それでは、ビジネスモデル・キャンバスにある9つの各ブロックに記述する際の考え方について説明します。まずは、一番右端にあるブロックの顧客セグメント（Customer Segments）です。

このブロックは9つの中で、後述する価値提案（Value Propositions）と並んでもっとも重要なブロックと言われています。**このブロックでは「①誰に」「②JOB」「③顧客が抱える切実な問題」という3つのことを検討してください。**ビジネスモデル・キャンバスのブロックにも、図表11のように点線を入れて書き入れるといいでしょう。

図表11：CSで検討する3つのこと

Customer Segments
顧客セグメント

<誰に>

<JOB>

<顧客が抱える切実な問題>

「①誰に」とは、誰のために価値を創造するのか？ もっとも重要な顧客は誰なのか？を明確にします。先ほどマーケティング戦略策定の考え方として「STPP」について述べましたが、このブロックではその「S（Segmentation）」と「T（Targeting）」を明確にします。「S」と「T」は、標的とする市場を絞り込んで顧客を特定することだと説明をしました。市場を絞り込むときに、どのような切り口で絞り込めばいいのか疑問をもった人もいると思います。顧客が消費者であるBtoCと顧客が企業であるBtoBの場合に分けて説明しましょう。

まず、BtoCの場合、a.地理、b.人口統計、c.心理、d.行動の4つの切り口があります（図表12）。

図表12：市場を絞り込む切り口（BtoC）

a. 地 理	関東、関西、中部、九州など 欧州、北米、東南アジアなど
b. 人口統計	年齢、性別、所得など
c. 心 理	ライフスタイル、性格など
d. 行 動	便益、使用頻度（ライト・ミドル・ヘビーユーザー）など

a.地理は文字通り、地理的な要素で市場を絞り込みます。例えば、首都圏や関西、中部、海外であれば中国や北米や欧州などです。b.人口統計は、年齢、性別、家族構成、学歴、職業、所得などで市場を絞り込みます。かつてはこの基準でもっとも絞り込みがされていました。特に多かったのは、年齢、性別、所得の３つです。これらの情報は入手が比較的容易であり、重複が避けられるという特徴があります。c.心理は、ライフスタイルや価値観、購買動機などで市場を絞り込みます。ライフスタイルについて一例を挙げると、かつて某メーカーが一人暮らしや共働きの家庭が多いといったライフスタイルの変化に着目をして、「部屋干し専用の洗剤」を発売してヒット商品とな

りました。雑菌が繁殖にしにくい除菌・抗菌のある成分を入れたり、部屋が臭くならないように香りを抑えたりといった部屋干しに適した洗剤です。最近は、この心理的変数を用いて絞り込むケースが多いです。d.行動は、顧客の購買行動によって絞り込みます。例えば、ヘビーユーザーやライトユーザーなど、顧客の購買状況や購買パターン、製品に対する知識の有無などです。こちらも近年のICTの普及で顧客の購買行動のデータがとりやすくなっているため、この行動変数を用いて絞り込むことが増えています。

次に、BtoBの場合です。BtoCとは少し切り口が異なります。BtoBでは、BtoCに比べて自由度が小さくなります。e.地理、f.規模、g.業種の３つの切り口が代表的です（図表13）。

図表 13：市場を絞り込む切り口（BtoB）

e.地理	関東、関西、中部、九州など 欧州、北米、東南アジアなど
f.規模	売上高、従業員数など
g.業種	金融業、通信業、物流業、卸売業、自治体など

e.地理はBtoCと同様、地理的な要素で市場を絞り込みます。f.規模は、大企業、中堅企業、小企業、個人といった企業の規模で絞り込みます。売上高や従業員数で規模を分けることが多いです。g.業種は、通信業、物流業、金融業など様々な業種で市場を絞り込みます。

少なくとも、２つ以上の切り口で絞り込むほうがいいでしょう。なぜなら、１つの切り口だと市場が大きすぎるからです。２つ以上の切り口で絞ってもまだ市場が大きい場合、もう１つの切り口を加えて分けてみてもいいでしょう。例えば、「中小企業向けに製品・サービスを提供する」という場合、「中小企業」というだけでは絞り込みが不十分です。中小企業だけでも、国内に約420万社あります。従業員数が

10人程度の中小企業もあれば、300人近くの中小企業もあります。「顧客は中小企業」とするのではなく、例えば「従業員数30人未満の中小企業」としたほうが具体的ですし、さらには「首都圏にある従業員数30人未満の中小企業」とするとさらにイメージが明確になります。

ただし、上記で紹介した切り口は、他社でも同じように絞り込んでいる可能性が高いため、差別化ができません。できれば、独自の切り口で市場を絞り込めるのがベストです。

次に、標的とする市場を特定する際には、どのような考え方で特定すればいいのかを見てみます。最低でも次の2つの視点はもっておく必要があります（図表14）。

1つは、標的とした市場の魅力度です。市場の魅力度とは、その市場の規模が十分にあるのか、その市場がこれからどれくらい成長をするのかという点を確認します。特に、成長性は継続的に新しい顧客が開拓できることを求められるので重要な視点です。また、競合他社の存在についても意識しておきましょう。この段階で詳しく調査する必要はありませんが、競合他社がどれくらい参入してきそうか、あるいはどれくらいで競争が激しくなりそうかも想定をしておきましょう。

もう1つの考え方は、自社の資源の適合度です。適合度とは、自社の強み（技術力や顧客基盤、生産能力など）を市場が求めているの

図表 14：市場を特定する場合の視点

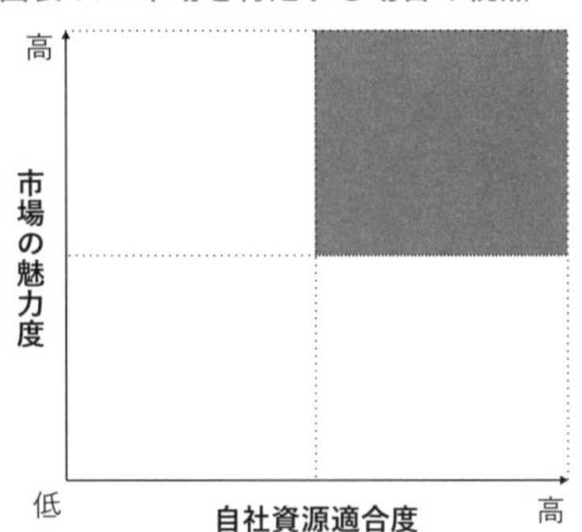

市場の魅力度

- 市場の規模
- 市場の成長性

自社資源適合度

- 自社の長期目標との合致
- 自社の強み（技術力、顧客基盤、生産能力など）

か、自社の長期目標と合致しているのかという点を確認します。

この段階では、ターゲット顧客を決め打ちするよりも、候補となる顧客をいくつか挙げておくといいでしょう。顧客を取り巻く状況や顧客が抱える切実な問題を比較しながら、優先する顧客を決める方法がお勧めです。

ここで特に注意してほしいのは、既存の顧客だけを見るのではなく、今まで開拓していない新しい顧客にまで視野を広げることです。大企業は、既存の顧客だけを見てしまうことが多いように思えます。既存の顧客は現状の製品やサービスである程度満足していることも多く、イノベーティブなビジネスモデルはまったく新しい顧客で成功している事例が多いからです。

図表 15：ターゲット顧客の検討

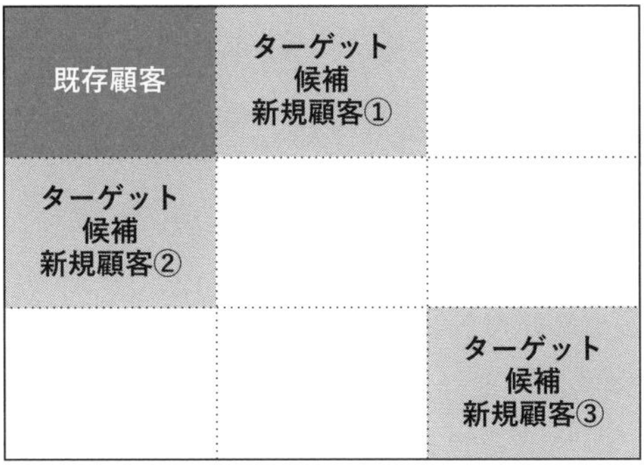

既存顧客	ターゲット 候補 新規顧客①	
ターゲット 候補 新規顧客②		
		ターゲット 候補 新規顧客③

次に「②JOB」です。この「②JOB」と「③顧客が抱える切実な問題」は、本来ビジネスモデル・キャンバスに記入しませんが、顧客が求める価値を提供するためには、必ず検討しなければならない要素であるため、ビジネスモデル・キャンバスの顧客セグメント（Customer Segments）に追加をして記述することをお勧めします。

「②JOB」とは、顧客が自社の製品・サービスを使って、やりたいこ

と、成し遂げたいことです。この「JOB」は、イノベーション理論の権威であるハーバード・ビジネススクールの教授であるクレイトン・M・クリステンセンが提唱している考え方です。顧客の抱える問題やニーズを的確に捉えるためには、「JOB」を明確にする必要があります。「JOB」は、顧客の購買行動と顧客が抱える切実な問題やニーズとの因果関係で説明できます。顧客のセグメント情報だけでなく、「顧客がやりたいこと、成し遂げようとしていること」に焦点を当てることが重要です。

図表16：Jobとは

JOBとは、顧客が製品・サービスを使ってやりたいこと・成し遂げようとしていること

かつて、マーケティングの権威であるセオドア・レビットが「顧客はドリルが欲しいのではなく、穴がほしいのである」という名言を残しました。これは「JOB」をうまく表現しています。顧客がやりたいこと、成し遂げようとしていることは、穴をあけることです。これが、「JOB」に該当するでしょう。ただ、この「JOB」を理解していなければ、どうしてもドリルのほうに目がいってしまい、性能を上げようとか、品質を向上させようとしてしまいます。しかし、顧客が穴をあけられるのであれば、ドリルではなく桐（キリ）でもいいわけです。

この「JOB」こそが、顧客が製品・サービスを購入する決定要因となります。顧客が求める価値を提供するためには、まずは特定した顧客がどんな「JOB」をもっているのかを明確にする必要があります。

次に、**「③顧客が抱える切実な問題」です。ここで言う問題とは、先述した「②JOB」を阻害している問題を指しています。**「②JOB」と合わせて、これらの要素は、ビジネスモデルを設計する上で、もっとも重要だと言っても過言ではありません。なぜなら、顧客が求める本質的な価値を提供するためには、顧客が切実に困っている問題を解決することが必要だからです。顧客が抱える切実な問題が理解できていなければ話になりません。では、どのようにして顧客が抱える切実な問題を捉えればいいのでしょうか？ 私は以下の視点で問題を捉えるようにしています。**③-1現状対策、③-2現状対策における問題点、③-3その問題のインパクト、③-4同じ問題を抱えている顧客の多さ**です（図表17）。これらは、ビジネスモデル・キャンバスには書ききれないので、別紙で深く掘り下げてみてください。

図表17：顧客が抱える切実な問題を検討する視点（4つ）

③-1．現状対策
③-2．現状対策における問題点
③-3．その問題のインパクト
③-4．同じ問題を抱えている顧客の多さ

③-1現状対策とは、顧客が切実に困っている問題であれば、必ず現状なんらかの対策を打っているはずです。逆に言うと、対策を打っていない問題は、切実に困っていないということです。「JOB」に対して、現状どのような対策を打っているのかを明らかにします。

次に、③-2現状対策における問題点です。現状対策が明確になったら、その対策で何が問題なのかを明らかにします。ここで明らかになった問題を、ビジネスモデル・キャンバスに書き入れてください。

さらに、③-3その問題のインパクトを明らかにします。インパクトとは、どれくらい問題が深刻なのか、影響度はどれくらいあるのかを確認します。可能であれば、このインパクトを定量化して捉えることができると説得力が生まれます。例えば、顧客の現状の対策においては、工数が○○時間かかっていて無駄が多い、あるいはコストが○○億円かかっていて大きな負担になっているなどです。

最後に、③-4同じ問題を抱えている顧客の多さを考えます。この点については、後述する「顧客が抱える切実な問題を捉える上でのポイント」で具体的に説明をします。

このように、「顧客が抱える切実な問題」を理解するためには、顧客の行動特性や現状の実態に関する情報を掴む必要があります。それには、机上で考えているだけでは到底把握することができません。まずは、顧客はこのような問題を抱えているのではないかと仮説を立て、インタビューや現場の観察をすることによって裏付けなければ、顧客が抱える切実な問題を理解したことにはなりません。

「顧客が抱える切実な問題」を捉える上でのポイント

「③顧客が抱える切実な問題」を検討したら、**次の３つの条件を満たしているかを確認する必要があります。「③-5顧客が対価を支払ってまでも解決したい問題か？」「③-6潜在化している問題を捉えているか？」「③-7共通している切実な問題か？」です。**

図表 18：「顧客が抱える切実な問題」を捉える上での３つのポイント

③-5　顧客が対価を支払ってまでも 解決したい問題か？

③-6　潜在化している問題を捉えているか？

③-7　共通している切実な問題か？

「③-5顧客が対価を支払ってまでも解決したい問題か？」は、顧客が抱える問題は数多くありますが、顧客が対価を支払ってでも解決したい問題かどうかを見極めることです。ビジネスモデルを設計する人たちはその道（業界）のプロフェッショナルなので、顧客が抱える問題を検討したらおそらく数多くの問題が思い浮かぶと思います。その中でもっとも優先度の高い問題で、かつ対価を支払ってくれる問題だけをビジネスモデル・キャンバスに記述してください。しかしながら、これは容易ではありません。私は新規事業を支援しているときに、「顧客が抱える切実な問題」の仮説を検証するためのインタビューに同行する機会がありますが、顧客からは、「確かにビジネスモデル・キャンバスに記述されている問題を抱えていますが、お金は支払えません」とよく言われます。おおよそ9割近くは最初に検討した「顧客が抱える切実な問題（仮説）」が外れています。つまり、思い込みが多いということです。したがって、顧客が対価を支払ってまで解決したい問題を捉える場合は、必ず顧客へのインタビューが欠かせません。

また、「あったらいいな」ではなく、「それがなければ絶対困る」レベルまで深く掘り下げる必要があります。もちろん、企業によっては「あったらいいな」レベルの価値を提供しなければならない企業もあります。しかし、昨今では切実に困っていなければなかなか顧客は製品･サービスを購入してくれません。「あったらいいな」ではなく、「それがなければ絶対困る」レベルの問題を捉えていると、顧客が対価を支払ってくれる可能性が高まります。

次に、「③-6潜在化している問題を捉えているか？」です。潜在化している問題とは、顧客は問題があることはなんとなくわかっていますが、何が要因なのかはっきりとわかっていないような問題です。反対は、顕在化している問題で、顧客自身がきちんと認識している問題です。もちろん、顕在化している問題も解決する必要はありますが、顕在化している問題は競合他社も見えているので差別化が図れなくなります。したがって、一つでも潜在化している問題を捉えられていると、優れたビジネスモデルに近づけます。

最後に、「③-7共通している切実な問題か？」です。このブロックに書き入れる問題が、１つの企業だけに当てはまるカスタマイズされた問題ではなく、ターゲティングした顧客層が抱える共通の問題になっているかを見極めます。利益率を高めるためには製品・サービスを標準化して横展開を図りたいところです。横展開するためには、できるだけ多くの顧客に購入してもらう必要があります。BtoB企業におけるOne to Oneビジネスの場合、まずは目の前の顧客が抱える問題を解決できる価値を創り上げ、成功したらそれらを横展開しようとする企業がありますが、それはお勧めできません。理由は、１つの顧客の問題を解決するために創り上げられた価値を、他の顧客が受け入れてくれるかどうかわからないからです。そのため、ビジネスモデルの設計時から、多くの顧客に共通している問題を捉えておく必要があります。

このように、「顧客が抱える切実な問題」を捉える場合、最低でも③-5～③-7の３つの条件をすべてクリアしていることが望ましいです。条件を満たしているかどうかは、顧客へのインタビューなどを通じて検証する必要があります。ここで注意したいのは、ただ顧客に問題やニーズを聞くのではなく、顧客を深く理解した上で確認することが重要だということです。また、３つの条件をクリアするためには、ビジネスモデル・キャンバスに書き入れる「顧客が抱える切実な問題」は、１～３つ程度になるでしょう。多くの問題をこのブロックに書き込むのはやめましょう。

潜在化した問題に焦点を当てるキーエンスの事例

「顧客が抱える切実な問題」をうまく捉える企業を紹介しましょう。FA（Factory Automation）センサーなど検出・計測制御機器を製造・販売しているキーエンスです。この企業は、国内の製造業でもっとも利益率が高い企業です（2019年3月期現在、営業利益率54%）。これほど高い利益を稼ぐ理由はいくつかありますが、その１つは、営業担当者の「顧客が抱える切実な問題」を捉える能力が高いことが挙げられます（図表19）。およそ1000人強いる営業担当者は、顧客の声は一切聞きません。それは言い過ぎかもしれませんが、少なくとも顧客から言われた問題（顕在化している問題）を解決するという姿勢ではなく、顧客が気づいていない問題（潜在化している問題）を先取りして解決することを徹底しています。営業担当者は、顧客以上に顧客のことを理解して製品を提案しています。潜在化している問題に焦点を当てて対応しているので、キーエンスが提供する製品の7割以上が世界初です。したがって、先ほど見た「顧客が抱える切実な問題を捉える上での3つのポイント」の2つ目の条件である「③-6潜在化している問題か？」を満たしています。

また、営業担当者は多くのクライアントを抱えています。彼らは顧客以上に顧客のことを理解しているので、顧客が抱えている共通の切実な問題を捉えることに長けています。例えば、A社が抱える問題は、C社でもD社でも同じようなに抱えている問題と認識し、それらを解決できるFAセンサーを設計し製造します。そして、それらをできるだけ多くの顧客に販売して、製品の横展開を実現しています。したがって、利益率が高いのです。この点も、3つ目の条件である「③-7共通している切実な問題か？」を満たしています。

さらには、キーエンスは絶対に値下げをしません。キーエンスの製品は決して安くはありません。しかし、キーエンスのFAセンサーを利用することで、顧客がどれだけコスト削減できるのかなど定量的に示すため、顧客は価格が高くても納得して購入します。顧客は、それだけキーエンスが提供する価値を認めているのです。1つ目の条件である「③-5顧客が対価を支払ってまでも解決したい問題か？」を満たしているのです。

このように、キーエンスは、ビジネスモデル・キャンバスの「③顧客が抱えている切実な問題」を捉えることに非常に長けている企業なのです。

図表19：キーエンスの顧客が抱える“共通の切実な問題・ニーズ”の考え方

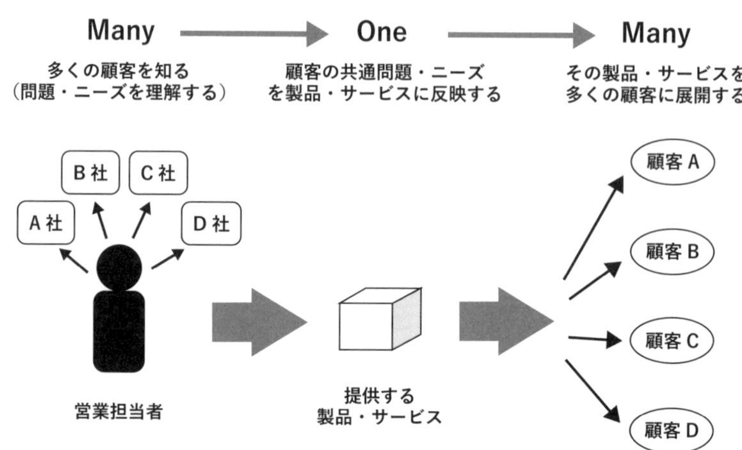

 B to B企業の場合は、その先の顧客も考える

BtoB企業の場合、一番右端にあるブロックの顧客セグメント（Customer Segments）に記述する顧客は、直接取引をしている対価を支払う企業になります。

しかし、BtoB企業の場合は、その先にも顧客が存在します。その先が企業の場合もあれば消費者の場合もあるでしょう。**BtoB企業は、目の前の直接取引をしている顧客だけを見ていてはいけません。直接取引をしている顧客の先の顧客の問題やニーズを把握する必要があります。**そうすることで、直接取引をしている顧客が本質的に求める価値を提供できるようになります。したがって、BtoB企業の場合は、直接取引をしている顧客のビジネスモデル・キャンバス以外に、その先の顧客のビジネスモデル・キャンバスも書くことをお勧めします。その先の顧客のビジネスモデル・キャンバスはすべてのブロックを記述する必要はありません。直接取引をしている顧客が本質的に求める価値を理解することが目的なので、一番右端にあるブロックの顧客セグメント（Customer Segments）と、後述する真ん中にあるブロックの価値提案（Value Propositions）だけで結構です。ただ、この際にも、インタビューなどを通じて、仮説検証をする必要があります。

図表 20：BtoBto・・・

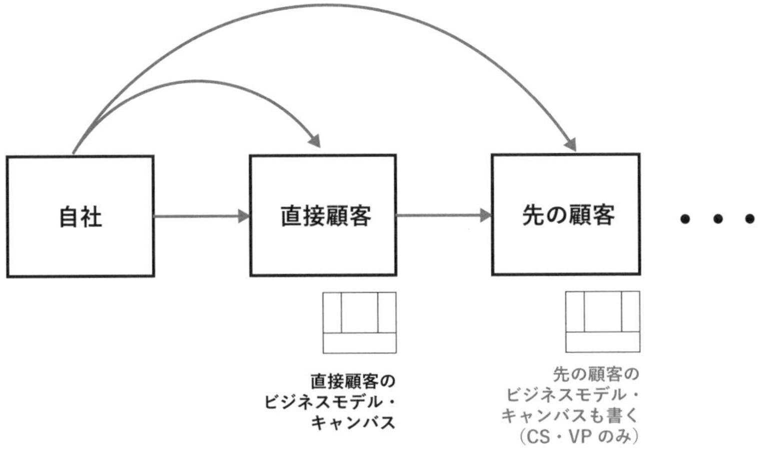

ビジネスモデルキャンバスの書き方
価値提案

次は、ビジネスモデル・キャンバスの真ん中にあるブロックの価値提案（Value Propositions）の書き方について説明します。

このブロックも9つの中で、先述した顧客セグメント（Customer Segments）と並んでもっとも重要なブロックです。どのビジネスモデルの研究者の定義にも、必ず「価値の創造」というキーワードが入っています。ビジネスモデル・キャンバスでもこの価値提案（Value Propositions）のブロックは、真ん中に位置しています。つまり、価値を創造するために、他のブロックが存在していると言っても過言ではありません。**このブロックでは「①製品・サービス名」「②価値」の2つを検討してください。**「②価値」は、先述したマーケティング戦略策定の「STPP」の最初の「P（Positioning）」に該当します。また、「①製品・サービス名」は、最後の「P」（4P）の製品（Product）に該当します。ビジネスモデル・キャンバスのブロックにも、図表21のように点線を入れて書き入れるといいでしょう。

図表21：VPで検討する2つのこと

目的と手段を明確にする

まず、**「①製品・サービス名」は、後述する価値の提供を実現するための手段を記述します。**先述した「顧客が欲しいのはドリルではなく穴である」に当てはめると、ドリルに該当します。本来であれば、このブロックはビジネスモデル・キャンバスに書き入れるところはありません。しかしながら、提供する価値とそれを実現するための手段を混同してしまう人が多いので、意図的に手段である「製品・サービス名」を書いてもらうように独自に工夫をしています。そうすることで、手段（製品・サービス）と目的（価値提供）が明確になり、より具体的に提供する価値を検討できるようになります。

スタバとドトールから考える価値の意味

次に、「②価値」について説明をします。価値という言葉はよく使われますが、様々な解釈ができるために、人によって考え方が異なります。価値の書き方を説明する前に、そもそも価値とは何かという認識を合わせておきたいと思います。

価値を説明する場合、コーヒーのチェーン店であるスターバックスとドトールの例で考えるとわかりやすいです。

皆さんは、目の前にスターバックスとドトールがあったら、どちらに入るでしょうか？ あまりコーヒーを飲まない人も考えてみてください。いつも研修で参加者に聞いてみると、半分の人がスターバックス、残り半分の人がドトールというように分かれます。スターバックスを選んだ人に聞いてみると、「ゆっくりできる」「考えごとをするときに最適」「落ち着く」という理由が多いです。一方、ドトールは、「安い」「待たされない」「喫煙できる」という理由が多いです。私は、これらのコメントそのものが価値であるという説明をしています。両社は、同じコーヒーを販売していますが提供する価値はまったく異なります。おもしろいのは、「コーヒーがおいしいから」とコメントする人がほとんどいないことです。つまり、コーヒーそのものは価値を提供する手段であって、顧客にとっては価値になりにくいということです。例えば、スターバックスは、「サード・プレイス」といった価値を提供しています。これは、家庭でもない、職場でもない、第3の場所という意味で、スターバックスのコーヒーを通じて普段味わえない空間を経験してほしいという願いが込められています。一方、ドトールは、安さと品質の良さを売りにしており、少し時間があったらサッと飲んでサッと出るのに都合がいいといった価値を提供しています。つまり、**価値というのは、簡単に言うと、「購入理由」と言えます。**一般のマーケティングの教科書には、「便益・ベネフィット」と紹介されており、もちろんその通りなのですが、もっと簡単に言うと、「購入理由」でいいと思います。コーヒーを販売する企業は、多く存在します。なぜ、顧客は各社が提供する製品・サービスを購入するのか、その説明がつけばそれが価値だということです。ここで注意してほしいのは、価値を検討する場合、顧客を主語にして考えることです。そうすると顧客視点で検討することができます。顧客を主語にしなければ、「顧客はドリルが欲しいのではなく穴が欲しいのである」のドリル自体が価値と考え、ドリルの性能を向上させる、あるいは品質を上げるといった視点になり、価値ではなく手段を検討することになってしまいます。

さて、価値に対する考え方の認識を合わせたところで、もう少し具体的に考えてみましょう。価値を私なりに定義をしてみます。**「価値とは、顧客が購入する理由となるもので、提供する製品やサービスを通じて②-1顧客の問題を解決できる、②-2他社が提供していない、②-3自社の強みが反映されているといった要素を満たしたもの」。**

図表22：価値の定義（3つの円）

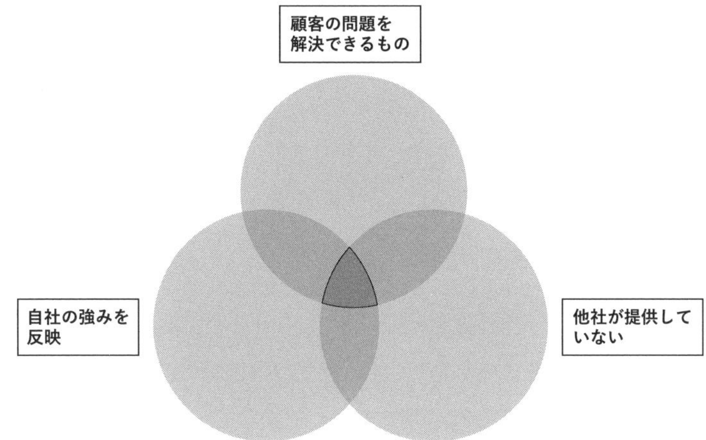

価値は、「②-1顧客の問題を解決できる」ものでなければなりません。そのためには、先ほど検討した顧客セグメント（Customer Segments）で記入した「顧客が抱える切実な問題」を解決できる価値を明らかにしなければなりません。特に、何度も言うようですがプロダクトアウト志向の強い企業は注意が必要です。自社は世界一の技術

力をもっているから顧客は買ってくれるだろうと考える企業がいまだに存在します。もちろん、世界一の技術力があればアドバンテージにはなりますが、だからといってそれが顧客が購入する理由にはなりません。逆に言えば、顧客が抱えている問題を解決できるのであれば、世界2位であろうが3位であろうが購入してくれます。したがって、価値を検討する際は、必ず顧客が抱える問題と紐づける必要があります。

次に価値は、「②-2他社が提供していない」ものでなければなりません。他社と差別化をする必要があるからです。例えば、高い品質を提供していることは価値にはなりえません。なぜなら、日本の企業は、高品質なものを提供できる企業が多くあるからです。いくら高品質でも他社も同じように提供できるのであれば、それが決め手となり購入につながることはありません。

さらに価値は「②-3自社の強みを反映している」ものでなければなりません。優位性を持続する必要があるからです。もし自社の強みが反映できなければ、他社と連携して価値を生み出すことも可能です。しかしその場合は、競合も同じように連携して価値を生み出せるため、優位性が持続しません。コアとなる自社の強みを価値に反映できることが理想です。

以上のように、３つの要素をすべて反映できていればいいですが、それは容易ではありません。ただし、３つの要素の中で、「②-1顧客の問題が解決できる」という視点は必ず必要です。この視点が欠けていると価値としては0点です。この点は強く意識しておきましょう。

価値を検討する際の２つの切り口

ここでは、価値を検討する考え方を2つ紹介します。**一つ目は「必需的価値」「魅力的価値」という切り口、もう一つは、「機能的価値」「経済的価値」「情緒的価値」という切り口です。**

「必需的価値」とは、当たり前価値とも言われ、提供されて当然の価値です。一方、「魅力的価値」は、文字通り魅力を感じさせる価値です。「必需的価値」の特徴は、あって当然の価値なので、その価値を提供しても顧客の満足度向上にはつながりません。しかし、なければ不満に直結します。ホテルを例にとってみましょう。ホテルにチェックインをして部屋に入った際に、フロアに髪の毛が落ちていたり、お湯が出ないことに気づいたとします。その場合は一気に不満が高まります。逆に、髪の毛も落ちていないし、お湯もちゃんと出るとしても、当たり前なので満足度が向上することはありません。まずは、価値を検討する切り口の一つとして、必需的価値が提供できているかどうかを意識しましょう。

また、「魅力的価値」の特徴は、魅力を感じる価値なので、提供されなくても不満にはつながりません。逆に魅力的価値が提供できると満足度向上に大きく寄与します。こちらもホテルを例にとってみましょう。例えば、宿泊した日が誕生日だったのでホテルのスタッフがサプライズで宿泊者に花束とケーキを送ったとしましょう。その場合、このようなサプライズがなくても不満にはなりませんが、あると満足度向上につながります。他社と差別化するためには、この「魅力的価値」をどれだけ生み出せるかが重要となります。

図表23：必需的価値、魅力的価値

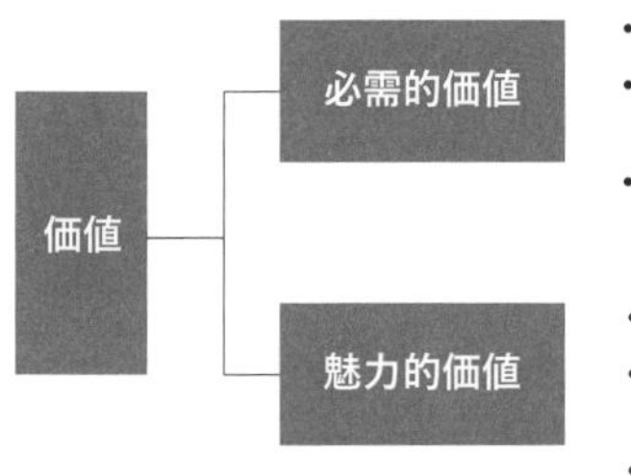

- あって当然
- あっても満足にはつながらないが、ないと不満に直結
- マイナスをゼロにする

- 文字通り、魅力的な価値
- なくても不満にならないが、あると満足に大きく寄与
- より強固なプラスに変える

次にもう一つの切り口の「機能的価値」「経済的価値」「情緒的価値」を説明します。「機能的価値」は文字通り、機能を示す価値です。スペック、ディスプレイの解像度、インチ数といった実際の機能が該当します。機能なので数値で示すことが可能ですが、数値で示せるということは模倣しやすくなります。かつての日本の製造業はこの「機能的価値」を得意としていました。アナログが主流だった時代には、機能を創り出すために部品と部品の微妙な調整を行いながら作る技術が必要で、これらを得意としていた日本企業は、欧米企業と差別化を図ることができました。しかし、デジタルが主流の時代に変わり、企業は部品さえ調達すれば組み立てるだけで製品を作れるので、特にテレビやパソコンなどの日本の製造業は「機能的価値」で差別化を図ることができなくなりました。今なお、日本の自動車企業はこの機能的価値で大きな価値を生み出していますが、変革を迎えている自動車業界でこの先も機能的価値で差別化できるのかは不透明です。

次に、「経済的価値」は、顧客が「儲かる」というメリットを享受できる価値です。BtoB企業は、この「経済的価値」を訴求するケースが多くなると思います。例えば、顧客のコスト削減に寄与できるとか、顧客の売上拡大に貢献できるといった価値です。この「経済的価値」も数値化が可能な価値です。したがって、自社の製品・サービスを利用することで、どれだけ儲かるのかを具体的に数値化して顧客に示すことができれば説得力が増します。そのためには、顧客が抱える切実な問題の把握も数値で捉えておく必要があります。

最後の「情緒的価値」は、顧客の頭や心で感じる価値です。主観的な色合いが強く、こちらは数値化が難しいと言われています。そのため、模倣がされにくい価値です。例えば、デザイン、経験、ブランド、経営者のカリスマ性などです。米アップルのiPhoneは、この「情緒的価値」をうまく創り出した例としてわかりやすいでしょう。iPhoneは、機能は日本の電機メーカーの技術力があれば実現可能だと言われていましたが、デザイン性、操作性、ブランド力、ジョブズ氏のカリスマ性など、頭や心で感じる情緒的な価値が顧客に受け入れられました。この「情緒的価値」は模倣することが難しいため、最近では、どれだけこの「情緒的価値」を生み出せるかが重要になっています。

日本の製造業は、上記の価値のうち「機能的価値」に偏る傾向にあるので注意が必要です。価値は、機能だけではありません。経済的価値あるいは情緒的価値の観点から、広い視点で検討する必要があります。とりわけ、「情緒的価値」をいかに生み出すかを考え、これら3つの価値をバランスよく反映できているといいでしょう。

図表24：機能的価値、経済的価値、情緒的価値

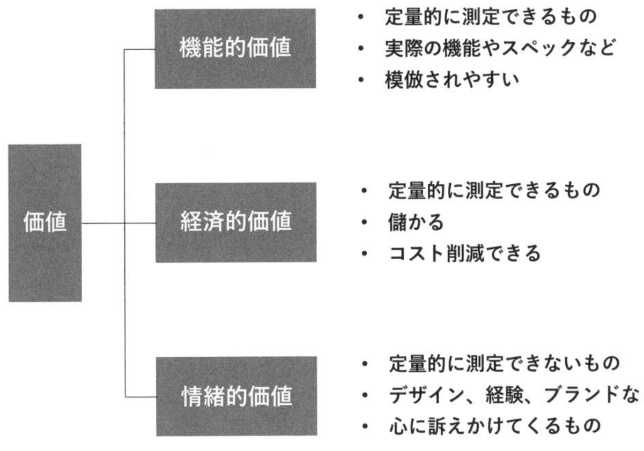

 訴求する価値を明確にする

ビジネスモデル・キャンバスの価値提案（Value Propositions）を検討する際、ブロック内に多くの価値を書き入れる人がいます。おそらく、提供している価値が多くあるのだろうと察しますが、「あれも、これも」になっていて、顧客にとっては訴求したい価値がよくわからない場合があります。このブロックに記述するのは、１～３つ程度に

しましょう。それ以上になってしまうようでは、訴求したい価値が絞り込めていないと考えたほうがいいでしょう。

英ダイソンの掃除機は、訴求したい価値を明確にしている良い例です。ダイソンの掃除機はシェアNO.1でもっとも売れています。そしてダイソンの掃除機と言えばなんといっても「吸引力」です。強力な「吸引力」によって微細なチリやホコリを吸い取ってくれます。競合メーカーの性能が劣っているわけではありません。むしろ、ダイソンの掃除機は競合メーカーと比べて、音がうるさい、重い、価格も高いですが、それでもいちばん売れています。その理由は、「吸引力」という訴求したい価値が明確だからです。競合メーカーの掃除機も性能は劣っていないはずなのに、何を訴求したいのかが今一つわかりにくいのです。

価値提案（Value Propositions）を検討する場合、訴求したい価値を絞り込んで明確にしましょう。提供する価値にメリハリをつけるのです。そのためには、競合メーカーに負ける部分があってもいいということです。その代わり、訴求したい部分は「ダントツ」に価値を磨き上げて勝つ必要があります。

訴求したい価値を何にするかを考える場合、その価値を認め、安くない対価を支払ってくれる顧客が幅広く存在しているかどうかを確認する必要があります。

メリハリのある訴求したい価値を検討する場合に有効なフレームワークを紹介しましょう。それは、『ブルーオーシャン戦略』で紹介されている「戦略キャンバス」です。ブルーオーシャン戦略は、INSEAD（欧州経営大学院）教授のW・チャン・キム とレネ・モボルニュが提唱しました。ブルーオーシャンとは、競争のない未開拓市場を表しています。反対の言葉は、レッドオーシャンで、競争の激しい既存市場を表しています。W・チャン・キム とレネ・モボルニュは、ブルーオーシャンを切り開くことが重要であると説いています。そのためには、提供する価値を「減らす」「取り除く」「増やす」「付け加える」ことでメリハリをつけ、訴求したい価値を明確にすることが必要だと主張しています。

「減らす」は、どの価値要素を業界標準以下に減らすべきか。「取り除くは」は、業界では当然とされるどの要素を取り除くべきか。「増やす」はどの要素を業界標準以上よりも増やすべきか。「付け加える」は、業界で提供されていないどの要素を付け加えるべきかといった視点で検討します。その具体的なツールとして「戦略キャンバス」を提案しています。「戦略キャンバス」の縦軸は顧客にとっての価値の高さを示します。高スコアは企業側が力を入れていることを意味します。価格は、スコアが高いほど値段が高くなります。そして、横軸は提供する価値要素をいくつか並べ、折れ線グラフ（以下、価値曲線）によって自社が提供する価値の高低を見極め、訴求したい価値を明確にします（図表25参考）。

図表25：QBハウスの戦略キャンバス例

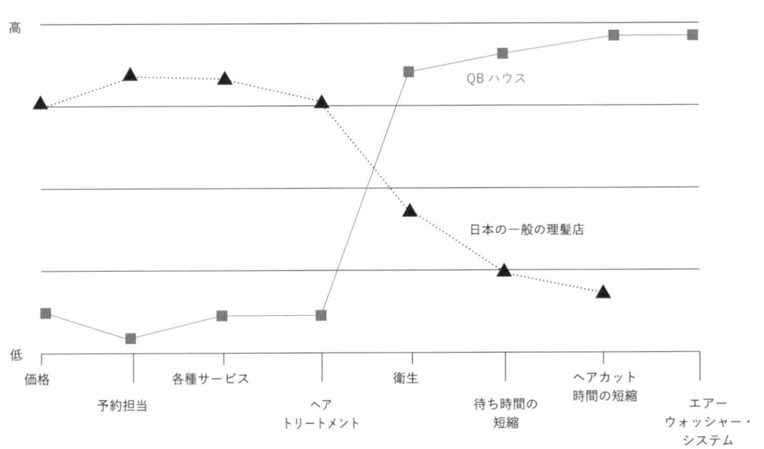

出典：『ブルーオーシャン戦略』チャン・W・キム

価値は相対的なものなので、高いのか低いのかを評価するためには競合となる企業の製品・サービスの価値曲線も一緒に書く必要があります。

自社と競合他社の描いた価値曲線が、同じような価値曲線の場合は、提供している価値が似ているということなので再度検討しなおす必要があります。自社と競合他社の価値曲線にできるだけ乖離している部分があることが望ましい姿です。ただし、すべての価値要素で競合他社よりも価値が高い状況はそうそうできることではありませんから、訴求したい価値と負けてもいい価値を検討することになります。また、自社のあるべき姿の価値曲線を書いてもいいかもしれません。そうすると、今後自社が創造していかなければならない価値要素を可視化することができます。

戦略キャンバスを書く際に注意したい点は、横軸に並べる価値要素の選択です。価値を偏った視点で選択しないようにしましょう。よく見るのが機能面だけを選択してしまう場合です。先述した通り、価値は機能的価値だけではなく、経済的価値や情緒的価値もありますから、そういった視点で価値要素を選択する必要があります。また、時間軸の視点で選択することを念頭に置いておくことも有効です。例えば、先述したキーエンスは、製品を提供する前に、顧客が抱える潜在化した問題を指摘してあげることが魅力的価値の一つとなっています。製品自体は外注で生産をしているので製品そのものの高い機能を価値にしているわけではありません。一方、メンテナンスやトラブルの監視、緊急対応など、製品を提供した後に提供できる価値もあります。

このように、「戦略キャンバス」は訴求したい価値を明確にしたい場合に便利なフレームワークですので、ぜひ活用してみてください。価値提案（Value Propositions）のブロックを検討する場合にとても有効です。

優れたビジネスモデルの条件に当てはめる

先述した「優れたビジネスモデルの条件」(P54) に少し話を戻します。AmittとZottによると、優れたビジネスモデルには「効率性」「補完性」「囲い込み」「新規性」の4つの条件があることを紹介しました。これらの観点からも、価値が提供できないかを検討してください。

「効率性」は、できるだけコストをかけずに価値を最大化できるかといった視点です。規模の経済や範囲の経済の恩恵を受けられるかといった視点で価値が提供できているかなどを確認しましょう。

「補完性」は、提供する価値の間で、強い相乗効果が生まれないかといった視点です。それぞれの価値が補完するか、拡張が可能かどうかを確認しましょう。

「囲い込み」は、強いネットワーク効果があるかといった視点です。ネットワーク効果があると、他社へのスイッチングを防ぎやすくなるため顧客の囲い込みが期待できます。

「新規性」は、世になかった価値が提供できているのかといった視点です。既に世の中にあるものを組み合わせて新しい価値を創出できないかを考えましょう。

競合を意識した価値か？

ビジネスモデル・キャンバスには、競合他社に関する情報を記述する箇所がありません。なぜなら、新規事業を検討する場合、世の中にない新しい事業にはまだ顧客が存在しません。したがって、競合となる企業も存在しないため、検討すべき要素の優先順位として低いためです。また、競合他社を意識しすぎると、かえってバイアスがかかり、革新的なビジネスモデルが生まれにくくなることも理由の1つです。

しかしながら、顧客や競合他社が存在しないからといって、まったく競合他社について考えないのはリスクがあります。**ビジネスモデルを設計する場合、参入が想定される競合他社がどんな価値を提供するのかは少なからず考えておく必要があります。**とりわけ、次に述べる点は確認をしておきましょう。

まず、同じ市場に参入してきそうな企業を確認します。同じ業種だけでなく、異なる業種からも市場に参入することがあるので、幅広く確認してください。特に、同業者が多くなりそうか、独占業者が存在しそうかなどの確認が必要です。

次に、代替品になりそうなものがないかを検討します。自社が提供しようとする価値よりも安価で代わりになるものがあれば脅威となります。

そして、最後に気をつけなければならないことは、成長市場の新規事業に参入する場合です。今後も市場の成長が見込めるため、後発であっても参入しやすい事業ではありますが、それだけ競合も多く存在します。成長市場における新規事業は、必ず差別化できる価値要素を明確にしてください。この場合の成功の可否は、どれだけ差別化が図れた価値を提供できるかにかかっています。

 継続して提供できる価値か？

継続して提供できる価値かどうかの視点はとても重要です。なぜなら、**ビジネスを一過性に終わらせないためには、継続して価値を提供し、安定的に収益を獲得する必要がある**からです。ただし、検討する場合は、価値提案（Value Propositions）のブロックだけで確認するのではなく、後述する「収益の流れ（Revenue Streams）」のブロックと合わせて検討しなければなりません。詳細は後述しますが、継続して収益を獲得するためには、繰り返し価値が生み出せるかどうかを確認します。特に製造業は、製品からサービスへ転換できないかといった視点で価値提供を考えてみることは有効です。

 顧客セグメントと価値提案を先に検討する

ここまで、顧客セグメント（Customer Segments）と価値提案（Value Propositions）の2つのブロックの書き方と考え方を説明してきました。ビジネスモデル・キャンバスを記述する場合は、この2つのブロックを先に記述することをお勧めします。なぜなら、この2つは、ビジネスモデルのWho、What（誰に、何を）に該当し、それ以外のブロックはすべてビジネスモデルのHow（どのように）に該当するからです。Whatが決まらなければ、Howが書けないはずです。もちろん、発想のスタート地点を必ず顧客セグメント（Customer Segments）と価値提案（Value Propositions）にする必要はありません。後述するキーリソース（Key Resources）からスタートする場合もあります。例えば、自社は○○分野に関する高い技術力（Key Resources）をもっているから、その技術力を活用したら○○のような価値（Value Propositions）が提案できるだろう、そうすると○○のような顧客セグメント（Customer Segments）をターゲットにすることがもっとも適している、といったこともあり得ます。あるいは、他社と共創するために○○というパートナー（Key Partners）と組むことが決まっているため、○○という企業と共創すれば○○ような価値（Value Propositions）が提案できるだろうといったこともあるでしょう。発想のスタート地点はどこでもいいのですが、まずは顧客セグメント（Customer Segments）と価値提案（Value Propositions）の２つのブロック（Who、What）を固めてから、他のブロック（How）を検討するようにしましょう。次のフォーマットを利用するとわかりやすく整理できます（図表26）。ぜひご活用ください。

図表 26：CS・VP・R$ シート

<table>
<tr><th colspan="2">CS・VP・R$ 検討シート</th></tr>
<tr><th>CS（Customer Segments）</th><th>VP（Value Propositions）</th></tr>
<tr><td>顧客</td><td rowspan="2">製品・サービス（イラストを描く）</td></tr>
<tr><td>JOB</td></tr>
<tr><td>現状対策</td><td rowspan="2">価値（顧客にとっての便益・ベネフィット）</td></tr>
<tr><td>顧客が抱える切実な問題</td></tr>
<tr><td>その問題のインパクト</td><td>R$（Revenue Streem）
収益獲得方法（マネタイズ）</td></tr>
<tr><td>横展開の可能性</td><td></td></tr>
</table>

How to write Business Model Canvas 7

ビジネスモデルキャンバスの書き方
チャネル

チャネル（Channels）のブロックについて説明します。このブロックは、先ほどマーケティング戦略策定で「STPP」で言う、最後の「P」の４つのうちの１つである「Place」に該当します。「Place」は、場所という意味ですが、ここでは**顧客と企業の接点となる場所、**つまりチャネルを指します。

チャネルは顧客が欲しくなるときや場所で、スムーズに製品・サービスを提供できることが求められます。したがって、企業によって望ましいチャネルは異なります。

BtoC企業で例を挙げると、米コカ・コーラの場合は、顧客は喉が渇いて飲みたいときが欲しいときとなるため、それに対応したチャネルは自動販売機となります。また、高級ブランドで知られる仏ルイ・ヴィトンの場合は、顧客はステイタスを感じられる場所で買いたいため、それに対応したチャネルとして、直営店や百貨店となります。さらに、セブンイレブンなどのコンビニエンス・ストアは、顧客は近くで手軽なものを手に入れたいため、それに対応したチャネルとして、できるだけ効率よく店舗が展開できるフランチャイズ制を採用しています。

BtoB企業の場合、まず検討しなければならないのは、営業担当者を自社で抱えて販売するのか（直接販売）、販売店や代理店などを利用して他社に販売してもらうのか（間接販売）、あるいは、直接販売と間接販売をバランスよくミックスして販売するのかを決めます（図表27）。

注意したいのは、直接販売や間接販売の特徴を理解した上で、チャネルを検討することです。直接販売は、自ら営業をするので顧客の声がダイレクトに入ってくるため収集しやすい、あるいは製品・サービスを自社でコントロールしやすいというメリットがあります。ただし人件費という莫大なコストがかかります。一方、間接販売のメリット・デメリットは、直接販売の逆になります。人を抱え込まなくもいいので投資が少なくて済みます。一気に製品・サービスを全国展開するときには適しています。その反面、顧客の声を収集することが難しい、流通業者に製品・サービスのコントロールを任せるため、管理しにくいなどのデメリットがあります。

図表 27：様々なチャネル

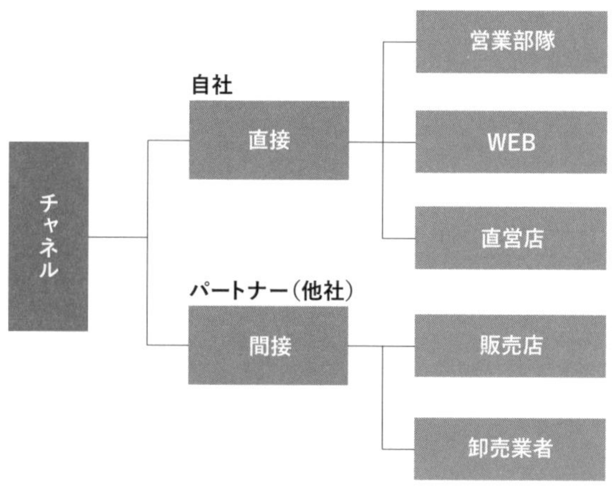

 チャネルがもつ5つの機能

チャネルは、大きく５つの機能に分けられます。①認知、②評価、③購入、④提供、⑤アフターサービスです（図表28）。さきほど説明した内容は、主に③購入にあたります。ここでは、それ以外の４つの機能について説明します。

①認知とは、企業の製品・サービスを顧客に知ってもらうことを指

します。かつて、トヨタのレクサスが初めて市場に投入された際に、全国に多くの販売店が展開されました。レクサスという自動車を知ってもらうために、高級感あふれる販売店舗を設計することで、高級な自動車と認知させる機能を担いました。

②評価は、顧客に企業の製品・サービスを評価してもらうことを狙いとしています。例えば、電子ペン大手のワコムは、店舗を出していますが、製品を販売せずに、製品を試すためだけの店舗にしています。店頭で試してもらった後で、インターネットで購入してもらいます。これは、顧客に製品を評価してもらうことを目的としています。

④提供は、製品・サービスを顧客に届ける機能です。米デル・コンピューターは、オプションを自由に追加してパソコンを購入したいという顧客に対して、インターネット販売というもっとも顧客のニーズに適したチャネルの提供方法を選択しました。

⑤アフターサービスは、販売後に顧客が求めるサービスを提供する機能です。家電などの修理や保守といったアフターサービスが必要な製品や、ブランドイメージを高めたい製品に適しています。このように、チャネルの機能について理解し、自社が価値を提供するのにもっとも適したチャネルを選択することが狙いです。

図表28：チャネルの機能

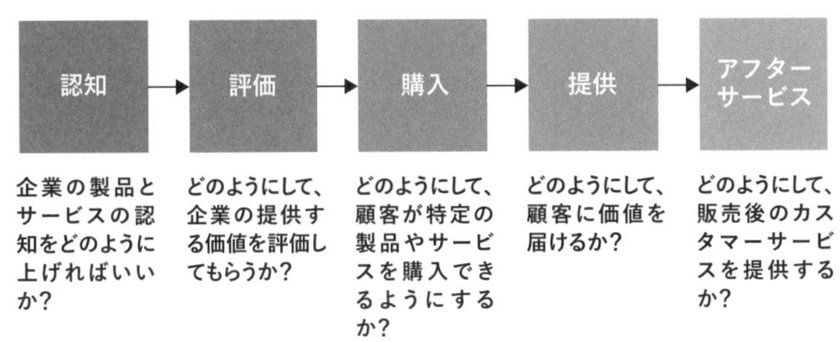

チャネルと効率性の関係

チャネルを検討する際に、効率的であるかどうかを確認しましょう。先述した通り、AmitとZottが「優れたビジネスモデル条件」の1つの条件として「効率性」を挙げていましたが、チャネルに着目することで、効率性を向上させることができます。

例えば、効率を上げて利益率を高めたい場合は、インターネット販売などの顧客に直接商品を販売するチャネルが有効です。また、早期に全国展開を図りたい場合は、販売店や代理店に商品を販売してもらうことで、チャネルに規模の経済が働きます。さらに、顧客にアフターサービスを提供することで価値が生まれる余地があれば、そのようなフォローアップができるチャネルを設計することで、より効率的に利益を獲得することができます。

ビジネスモデル・キャンバスの他のブロックとのつながり

ビジネスモデル・キャンバスにある9つのブロックは、それぞれつながりがありますから、関係性をチェックしましょう。とりわけ、チャネルのブロックとのつながりが強いのは、「価値提案（Value Propositions）」「顧客セグメント（Customer　Segments）」「パートナー（Key Partners）」です。

「価値提案（Value Propositions）」は、スムーズに価値を届けることができているかという視点で確認します。「顧客セグメント（Customer Segments）」は、ターゲットとした顧客が欲しくなるときや場所、あるいは買いやすいチャネルになっているかを確認します。さらに、「パートナー（Key Partners）」は、新しい補完的なパートナーとしてのチャネルになっているかという視点で確認しましょう。

How to write Business Model Canvas

8

ビジネスモデルキャンバスの書き方
顧客との関係性

顧客との関係性（Customer Relationships）のブロックについて説明します。このブロックは、「STPP」の最後の「P」（4P）の1つである「Promotion」に該当します。顧客との関係を構築あるいは維持するための活動や仕組みを記述します。

なぜ「Promotion」が該当するのかと思った人もいるかもしれません。その理由は、新規事業の場合、顧客がそもそもいないので、関係構築の前に顧客を獲得する必要があります。その手段として、「Promotion」が必要だからです。

顧客との関係を構築あるいは維持するための活動や仕組みを検討する際には、大きく2つの視点に分けて検討します。**①顧客獲得と②顧客維持です**（図表29）。

図表29：顧客の獲得・維持について

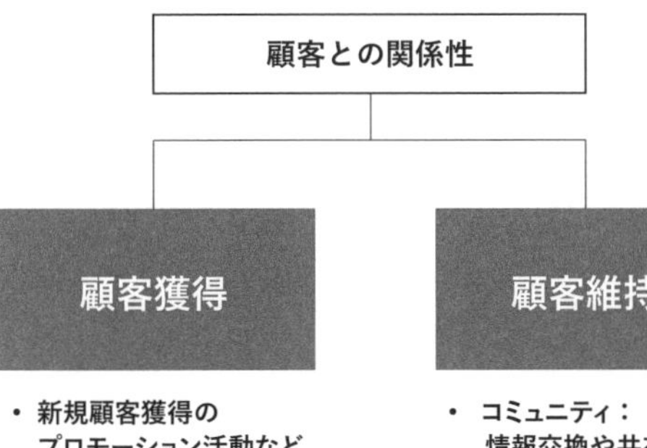

①顧客獲得は、先述したように新しい顧客を獲得する際に、どのようなプロモーション活動をするのかを検討します。プロモーションは、自社が提供する価値に合わせて、バランスよく組み合わせる必要があります。具体的には、a.広告、b.パブリシティ、c.人的販売、d.販売促進があります（図表30）。

a.広告は、テレビ・新聞・雑誌・インターネットなどが該当します。それぞれの長所や短所を理解し、組み合わせて対応します。

b.パブリシティは、新聞やテレビなどのメディアに取り上げてもらい、宣伝効果を狙うものです。パブリシティは自ら宣伝するのではなく第3者によって宣伝してもらえるので顧客に対して説得力があります。さらに、費用がかかりません。しかし、難しい点はプロモーションしたいときに取り上げてもらえるとは限らないことです。

c.人的販売は、営業担当者がプロモーションを行います。BtoB企業に多く採用されています。注意したいのは、プロモーションをする相手がキーマンなのかどうかを見極めることです。キーマンとは、専門知識が豊富、予算の財布をもっている、意思決定権をもっている人です。BtoB企業の場合は、購買にあたって多くの人が関与しますが、それぞれ購買において重視する点が異なるため、キーマン以外の人にプロモーションをしても成果に結びつかない恐れがあります。

d.販売促進は、イベントや展示会の開催、SNSを活用したプロモーションを指します。これらa～dの販促活動をうまく組み合わせて、顧客を獲得します。

図表30：プロモーション・ミックス

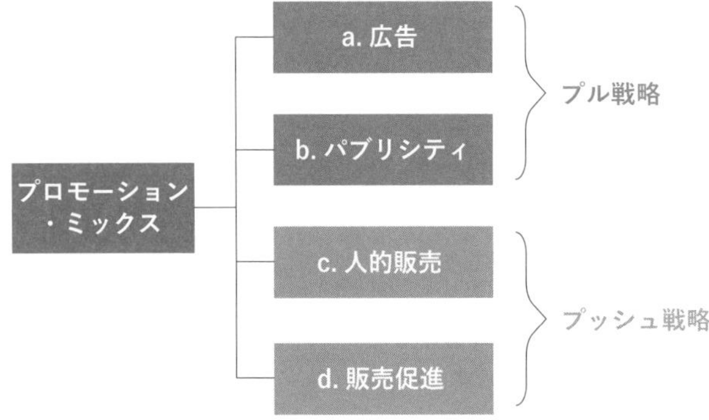

次に②顧客維持は、顧客を獲得した後の関係性を維持するための活動や仕組みの構築について検討します。

例えば、コミュニティーを形成する場合があります。これは、顧客と情報を交換したり共有したりすることを目的に定例会を開くことが該当します。米ハーレーダビッドソンは、「ハーレー・オーナーズグループ」を設立しています。定期的にツーリングなどのイベントを開催し、顧客間で知り合い、ハーレーユーザー同士の親睦を深めることで、帰属意識が高まり他社へスイッチングしにくくなる効果を生んでいます。

また、顧客と人的ローテーションを展開する場合も該当します。具体的には、顧客先に人を送り込んで常駐して価値提供をするなどです。さらに、共創する場合も該当します。顧客とともに新しい価値を創造することなどを目的としています。

もう１つ別の視点としては、販売を拡大することで顧客との関係性を維持することもあります。例えば、提供している価値について、その顧客により高価なものを販売するアップセリングや、価値に関連するものを提供するクロスセリングなどが該当します。

このように顧客との関係性（Customer Relationships）では、そのの関係性を維持するための活動や仕組みを記述します。

ロイヤルティを深める

このブロックでは、顧客と深い関係を構築できるかを意識する必要があります。顧客が年間に離反する比率は、業種にもよりますが約2割あると言われています。また、新規顧客を獲得しようとすると、既存顧客に販売するときの約5倍のコストがかかるとも言われています。その点では、顧客生涯価値を意識したビジネスモデルの設計が重要です。顧客生涯価値はLTV（Lifetime Value）と呼ばれ、企業が顧客と継続して取引をし、生涯にわたってもたらす価値（利益）のことを指します。顧客生涯価値の視点で考えると、顧客と深い関係性を構築・維持することで、できるだけ離反を少なくすることが望ましいことは言うまでもありません。

先述したAmitとZottの「優れたビジネスモデル条件」の1つの条件として「囲い込み」がありました。囲い込みを有効に活用するためには、この顧客との関係性のブロックに着目しましょう。そのためには、簡単に競合他社に変更してしまわないように、顧客をつなぎとめる仕組みや活動になっているかという視点で確認します。また、顧客との関係が悪化するようなリスクがないかも確認しておきましょう。

ビジネスモデル・キャンバスの他のブロックとのつながり

顧客との関係性（Customer Relationships）のブロックと、とりわけ、つながりが強いのは、「価値提案（Value Propositions）」「顧客セグメント（Customer Segments）」「収益の流れ（Revenue Streams）」です。

「価値提案（Value Propositions）」は、顧客と深い関係性が築くことができる価値になっているかを確認します。一過性のものではなく、継続した価値提供になっているかが重要です。「顧客セグメント(Customer Segments)」は、顧客との関係性を深めるための活動や仕組みを喜んで受け入れてくれる顧客をターゲットとしているのかを確認しましょう。さらに、「収益の流れ(Revenue Streams)」では、収益になる顧客だけではなく、逆に収益にならない顧客を明らかにして、あえて対応しないことも必要です。それが難しい場合は、その理由も明らかにしましょう。顧客の囲い込みを実現するための活動や仕組みについては、収益を獲得する方法と合わせて考える必要があります。

ビジネスモデルキャンバスの書き方

収益の流れ

収益の流れ（Revenue Streams）のブロックについて説明します。このブロックは、「STPP」で言う最後の「P」(4P)の１つである「Price」に該当します。

収益は、売上とほぼ同じ意味で使われます。売上は「顧客単価 × 顧客数」で表すことができます。顧客単価とは、顧客が一度に支払う金額を指します。

したがって、顧客単価を決めるためには、「Price」が深く関係します。**このブロックで明確にすべき点は、①主な収益項目、②収益の獲得方法、③収益の流れです。**つまり、価値に対して顧客から獲得する主な収益を明らかにすることと、その収益を獲得する方法を検討し、収益を生み出す流れを設計します。

主な収益項目を明らかにする

①主な収益項目は、設計するビジネスモデルで獲得できる主な収益項目を記述します。とはいえ、詳細に記述する必要はありません。

例えば、ICT企業がソリューションを提供する場合、コンサルティング代金、ハード機器代金、ソフトウェア代金、保守サービス代金、オプション代金といった形で、箇条書きで表現するとわかりやすいでしょう（図表31）。

その際、頻繁にリピート購入してくれそうな収益項目があるかどうか確認しましょう。また、それぞれの収益項目に金額を示す必要はありませんが、おおよその金額が明確な場合は記述をしてもいいでしょ

図表31：主な収益項目の例

（例）

- コンサルティング代金
- ハード機器代金
- ソフトウェア代金
- 保守サービス代金
- オプション代金

う。事業の規模感や価格帯を把握することができます。

主な収益項目で価格を設定するときには、2つの方法があります。**一つがペネトレーション・プライス、もう一つがスキミング・プライスです**（図表32）。

ペネトレーション・プライスとは、最初のプライシングを低価格で設定するため、早期にシェアを確保し、その後の競争が有利になる、あるいは、製品の場合、累積生産量が多くなり低価格の設定が可能となります。かつて、トヨタが発売したプリウスは、ペネトレーション・プライスを設定して成功を収めました。プリウスは初めてのハイブリッド自動車だったので、顧客はハイブリッド自動車というよくわからないものに高額を支払おうとしないだろうと考え、低価格での販売に踏み切りました。ハイブリッドによる低燃費でランニングコストの低減を実現し、価格が安かったこともあり、プリウスは一気に市場シェアを確保し、広く認知されるようになりました。

一方、スキミング・プライスとは、最初のプライシングを高価格で設定するため、市場投入当初から確実な利益が見込める可能性が高く、開発費の早期回収が可能となります。しかし、市場投入後も、市場の動向を注視していないと失敗する可能性があります。例えば、かつてパナソニックは乗馬フィットネス機器を発売した際、当初はスキミング・プライスで成功を収めましたが、すぐに後発企業が低価格で市場に参入をしてきたため、一気にシェアが奪われたということもありました。ビジネスモデル設計時に、どちらの価格設定をするかで大きく対策が変わってきますので、十分に検討する必要があります。

図表 32：価格戦略

ペネトレーション・プライス		スキミング・プライス
・早期にシェアを確保し、その後の競争が有利になる ・累積生産量が多くなり、さらなる低価格の設定が可能となる		・当初から確実な利益が見込める可能性が高い ・新製品の開発費の早期回収が可能となる

 収益の獲得方法を検討する

②収益の獲得方法では、顧客が喜んでお金を支払ってくれる収益の獲得方法を検討しましょう。 ここでのポイントは、儲ける手段のパターンをできるだけ知っておくことです。

例えば、代表的なものとして、**②-1継続して儲ける、②-2囲い込んで儲ける、②-3高い利ざやで儲ける、②-4メリハリで儲ける、②-5他の収益源で儲けるといったパターンがあります**（図表33）。

図表 33：マネタイズ種類

②-1　継続して儲ける
②-2　囲い込んで儲ける
②-3　高い利ざやで儲ける
②-4　メリハリで儲ける
②-5　他の収益源で儲ける

継続して儲けるにはどうしたいいか

ビジネスは基本的に、企業が製品・サービスを提供し、顧客が対価を支払うことで成立します。かつては、このような売り切り型での収益の獲得方法が主でしたが、最近は、継続して収益を獲得する継続型が増えています。その理由は、安定した収益が見込めるからです。特に、最近はROE重視型の経営が求められています。

ROE（Return On Equity）は自己資本利益率のことで、企業が自己の資本をいかに効率的に運用して利益を生み出したかを表す指標です。投資家たちは、毎年、企業の経営幹部にROEの向上を要求します。ここでは詳細に説明しませんが、ROEを高めるためには分子である利益を増やすか、分母である自己資本を減らせばよいわけです。しかし、自己資本を減らすことは頻繁にできることではありませんから、結局、分子である利益を上げていくしかないのです。

継続して儲ける事例として、キヤノンやエプソンのプリンター事業はわかりやすい例です。プリンターのハード機器は性能や品質がいいにもかかわらず、1万円を切るような価格に設定されています。その代わり、インクやトナーは純正であれば5000円以上します。頻繁にプリンターを使用する人は、インクを年に数回買い換えるでしょう。そうすると、年間のインク代金がハード機器の代金を上回ることもあります。しかも、インクが切れたら継続して購入しつづけなければなりません。これは、もともと剃刀メーカーの米ジレットが、剃刀本体を安く提供し、消耗品である刃で儲けたところから始まりました。

また、最近サブスクリプションという言葉をよく聞きます。サブスクリプションとは、企業と消費者がある商品に対して一定期間の利用契約を結ぶモデルです。いわゆる「定額制の課金モデル」を指します。例えば、動画配信の米Netflixや音楽配信のスウェーデンのSpotifyが挙げられます。一定の金額を支払えば、動画は見放題、音楽は聴き放題となり、継続的にサービスを受けることが可能です。その他にも、自動車や家電製品、衣服や玩具、コンタクトレンズなど、幅広くこのモデルを適用している企業があります。

他には、成果に応じて報酬を決めるレベニューシェアというモデルがあります。レベニューシェアとは、成果に応じて支払額を決めるという契約を結ぶモデルです。レベニューは収益、シェアは分け合うという意味なので、収益を分け合う契約となります。例えば、パナソニックインフォメーションシステムズ（以下、パナソニックIS）が、日本一高いビルの「あべのハルカス」に入退場システムを納入した際に、このレベニューシェアを適用しました。あべのハルカスは、入場者数に応じて支払額が決まります。あべのハルカスは初期費用を節約できる上に、入場者数が増えて支払いが増えたとしても、入場者数が増えると売上もその分増えているので大きな問題にはなりません。また、入場者数に応じた支払いが変動費になる、機器の老朽化といったリスクも回避できるというメリットもあります。一方パナソニックISは、継続して収益が見込めます。とはいえ、入場者数が減少して受取額が減るといったリスクもありますので、パナソニックISは同時にマーケティング施策の提案を行い、あべのハルカスの入場者数が増えるような価値提案を行っています（図表34）。

図表 34：継続して儲ける

囲い込みで儲けるにはどうしたらいいか

新しいビジネスモデルを設計する場合は、そもそも既存の顧客が存在しないため、できるだけ新規の顧客を獲得する必要があります。しかし、新しいビジネスモデルは、今まで世にない新しい事業（あるいは製品・サービス）なので、ユーザーとしても使用した経験がないため、購入に二の足を踏むことが多いでしょう。したがって、自社が提供する製品・サービスの購入にあたって、可能な限り敷居を下げて購入しやすくする必要があります。そして、できるだけ多くの顧客に利用してもらうことが必要になります。その場合、顧客を囲い込むための手段として、最初の一定範囲や期間を無料あるいは低価格で提供することが有効です。

例えば、米IBMが提供しているAI（人工知能）ワトソンは、一定期間を無料で提供しています。当初は最低でも数百万円かかっていたものを無料にすることで、多くの企業や研究機関が利用できるようになりました。これによって、IBMは多くの顧客を囲い込むことに成功しました。良い製品・サービスであれば、顧客は必ず購入してくれます。最初の一定期間を無料にすることで戦略的な収益の獲得方法を考えることも有効です。一方で、顧客を囲い込むためには先行投資がかかるため、資金回収のシナリオを合わせて考えておく必要があります。

また、これらの囲い込みの方法は、ビジネスモデルが業務活動や経営資源に依拠していないため、模倣が容易な点に注意が必要です。し

第3章

たがって、競合他社よりも早く囲い込み、その後、優位性を維持するための設計が必要です。

図表35：囲い込みで儲ける

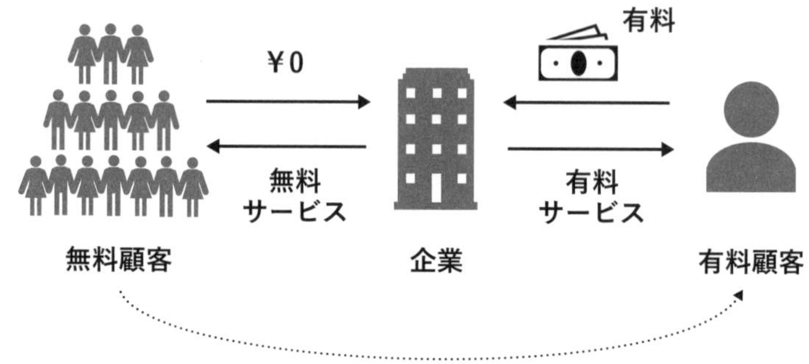

利ざやで儲けるにはどうしたらいいか

次に、利ざやで儲ける方法を説明します。この考え方は、価格とコストの差を作って利益を儲ける考え方です。したがって、可能な限りコストを低くする努力と同時に、できるだけ価値を向上させることが求められます。かつて、日本の製造業は、「良いものを作って安く売る」という考え方が主流でしたが、この利ざやで儲ける際の考え方は、「安く作って高く売る」といった考え方になります。

この考え方を取り入れ、利ざやで儲けている企業に、先述したキーエンスがあります。キーエンスは、ＦＡセンサーなど検出・計測制御機器を製造・販売している企業で、製造業では日本一の営業利益率を誇ります。キーエンスは、安く作るという点では、粗利益率が80%以上でなければ商品を開発しません。粗利益率とは、売上から売上原価を引いた利益の利率のことです。売上原価とは、商品の仕入れや製造にかかったコストを指します。つまり、価格の20%以内が売上原価であり、残り80%は提供している価値ということです。キーエンスはコストを最小にして、価値を最大化する努力を徹底して実現しています。通常、優良企業と呼ばれる企業でさえ、粗利益率は50%程度と言われていますので驚愕の数字だということがおわかりになると思います。

メリハリで儲けるにはどうしたらいいか

メリハリで儲けるというのは、一律に製品・サービスに利益をのせて販売するのではなく、儲ける製品・サービスと儲けてなくてもいい製品・サービスを意図的に作り出し、総合的に儲けを生み出す考え方です。儲けなくてもいい製品・サービスを比較的低価格にして顧客を呼び込み、儲ける製品・サービスを購入してもらえる仕組みを構築できるといいでしょう。

例えば、製品・サービスにメリハリをつけてうまく儲けている企業に、スーパーマーケットの米コストコがあります。かつて、日本のスーパーマーケット市場に、米ウォルマートや仏カルフールが参入しましたが、うまくいきませんでした。理由は、いくつか挙げられますが、１つは収益の獲得方法と言えるでしょう。収益の獲得方法が日本のスーパーマーケットと同じだったのです。

一方、コストコの収益の獲得方法は、商品の販売で稼ぐのではなく、会員制にして会員費用を徴収することでした。同社の利益の大半は、この会員費用として徴収した収益から成り立っています。販売されている商品そのものは、原価がおよそ9割とほとんど儲けはありません。消費者は、ほぼ原価で商品を購入しているのです。コストコは、儲ける製品・サービス（会員制）と儲けなくてもいい製品・サービス（販売商品）を意図的に考え、総合的に儲けを生み出しています。

他の収益源で儲けるにはどうしたらいいか

他の収益源で儲けるというのは、先述のメリハリで儲ける方法と考え方は似ています。

例えば、ミュゼ・プラチナムの収益を獲得する方法がユニークです。ミュゼ・プラチナムは、脱毛サービスを行う企業です。特徴的なのは、わずか数百円という低価格で脱毛サービスを受けることができる点です。

さらに、高い技術力で質の高い施術を行っています。これだけ低価格で脱毛サービスを提供しているので、多くの顧客が満足して利用しています。しかし、脱毛サービスを提供するためには、出店や設備などの投資が多くかかります。当然ながら、脱毛サービスだけだと赤字になってしまいます。それなのに、なぜ数百円で脱毛サービスを提供できるのでしょうか。

実はミュゼ・プラチナムはまったく別のところで儲けています。それは数百円で脱毛サービスを受けた顧客の膨大なデータを、ヘルスケアや化粧品会社に販売しているのです。300万人以上の会員顧客の属性データやアンケート調査結果、モニター調査結果などは、他の企業にとっては非常に価値が高く、対価を支払ってでも入手したいデータなのです。表向き本業に見える脱毛サービスとはまったく異なる事業を収益源として儲けているのです。このように、他に収益を作ることができないかを考えてみることも有効です。

収益の流れを設計する

このブロックでは、ビジネスモデルにおける「③収益の流れ」を中心に、「参加する利害関係者」「提供する製品・サービス」とあわせて、視覚化しながら具体的に設計をします。ビジネスモデル・キャンバスの右下にある収益の流れのボックスは書くスペースが限られているため、別途一枚で図示することをお勧めします。

「収益の流れ」を表現する方法は様々ですが、シンプルで容易に書くことができる「ピクト図」を紹介します。これは、板橋悟氏が提唱したもので、「ピクト図」は、人（利害関係者）、物（商品）、金（価格）を簡単な記号で表記し矢印でその流れを示すものです（図表36）。

図表36：ピクト図

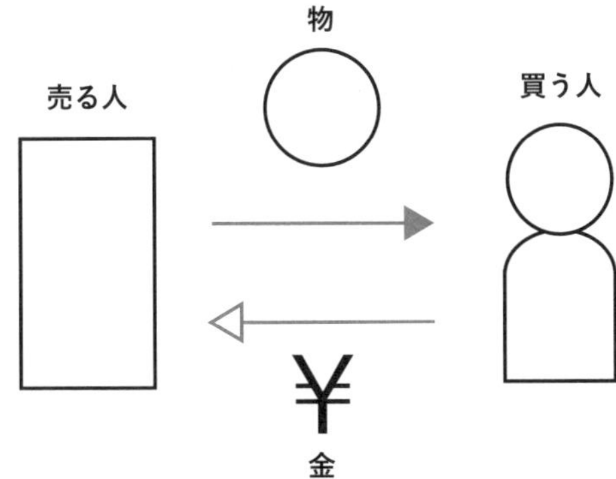

出典：『ビジネスモデルを見える化するピクト図解』板橋 悟

図にあるように、四角はビジネスを行う主体の「人」、つまり売る人を表します。また、人の絵はターゲットとなる「人」、つまり買う人を表します。そして、丸は「物」、つまり製品・サービスを表します。さらに、¥は「金」、つまり価格を表します。最後に、矢印でそれぞれの流れを示します。売る人から買う人への矢印（販売の矢印）は先を塗りつぶした矢印、買う人から売る人への矢印は、先が塗りつぶされていない矢印（支払いの矢印）というように、区別して使用します。

例えば、米アップルが2000年代初頭に発売したiPod/iTunesのピクト図を見てみましょう（図表37）。

図表37：米アップルのピクト図

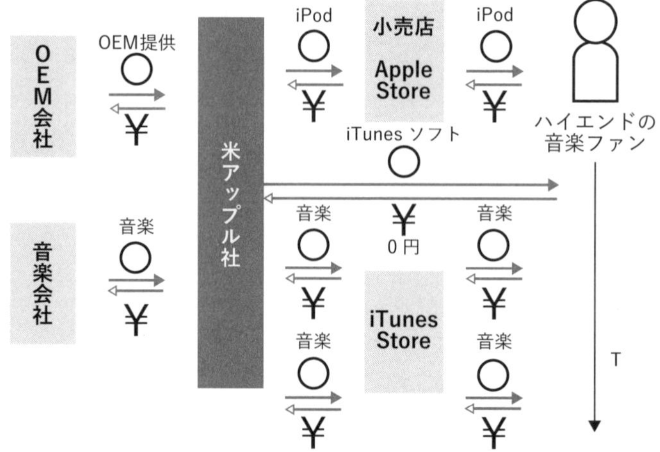

出典：DIAMONDハーバード・ビジネス・レビュー2014年4月号

iPod/iTunesは、携帯音楽プレーヤーで大きなイノベーションを生み出したと言われています。特に、iPodのハード機器とiTunesのソフトを組み合わせて発売された点が大きな特徴と言えるでしょう。それまでは、ソニーが提供するMDウォークマンが売れていましたが、MDウォークマンは軽量化やコンパクトといったハード機器を競争の軸に置いていました。しかし、アップルのiPod/iTunesは、ハードとソフトを組み合わせたところに妙があります。

図を見ると、真ん中にアップルがあります。まず上段のハード機器の流れを見ていきましょう。同社は製造業ですがモノを造っていませんので、OEM会社に生産を委託しています。OEM会社とは、生産に特化して請け負う企業で、作った製品は依頼主のブランド名で販売されます。アップルで開発・設計されたiPodは台湾の企業フォックスコンに生産を依頼しています。完成したiPodはアップルを通じて、Apple Storeや小売店で販売され、ハイエンドの音楽ファンへ届けられます。

次に下段のソフトの面を見ていきましょう。アップルは多くの音楽会社と提携して楽曲の提供を受けます。それらの楽曲は一曲につき数百円で、iTunes Storeを通じてダウンロードされ、ハイエンドの音楽ファンに提供されます。アップルが提供するパソコンMac以外のWindowsでもダウンロードできるようにすることで、爆発的に配信数を伸ばしました。ハイエンドのファンたちは、パソコンにiTunesのソフトウェアをインストールする必要があります。楽曲を提供する重要な手段なので、収益が0円であってもピクト図に明記します。ちなみに、右下にある「T」はTimeの「T」であり、時間の経過を表しています。つまり、時間が経過すればするほど収益が累積されることを意味します。

収益の流れを設計するときには、すべての利害関係者がWIN-WINになるように意識しましょう。自社だけが儲かればいいというモデルは決してうまくいきません。また、継続的に収益を獲得できるか、顧客を囲い込みできるか、高い利益率を獲得できるか、メリハリで総合的に儲けることができるか、他の収益源を作ることができるかといった視点からも確認しましょう。さらに、新規性が生み出せているか、シナジー効果が生み出せているかといった視点から確認しておくことも有効です。

このように、図表37のような形で紙一枚に記号と矢印で示すと、ビジネスモデルの構造が可視化でき、人（利害関係者）、物（商品）、金（価格）の流れがとてもわかりやすくなります。

ビジネスモデル・キャンバスの他のブロックとのつながり

「収益の流れ（Revenue Streams）」のブロックと特につながりが強いのは、「価値提案（Value Propositions）」「顧客セグメント（Customer

Segments)」「主な活動（Key Activities)」「コスト構造（Cost Structure)」です。

「価値提案（Value Propositions)」は、継続して儲けるために継続して対価を支払いつづけてくれる価値を提供できていなければなりません。したがって、必ず提案する価値と一緒に収益を獲得する方法を検討します。「顧客セグメント（Customer Segments)」は、当然ながら、喜んで対価を支払ってくれる顧客になっているかを確認する必要があります。「主な活動（Key Activities)」は、収益を獲得する方法や収益の流れを実現するために必要な仕組みを構築しなければならないため、そのための活動と連動して考えなければなりません。さらに「コスト構造（Cost Structure)」は、高い利益率を生み出すために、できるだけ収益とコストの差を生み出す必要があるため、やはりこの点も一緒に検討する必要があるでしょう。

ビジネスモデル・キャンバスの右半分はマーケティングに関すること

以上、「顧客セグメント（Customer Segments)」、「価値提案（Value Propositions)」、「チャネル（Channels)」、「顧客との関係性（Customer Relationships)」、「収益の流れ（Revenue Streams)」と、ビジネスモデル・キャンバスの右側５つのブロックを説明してきました。

これまで見てきたように**右側の５つのブロックは、マーケティングのSTPPと深いかかわりがあることがわかります**（図表38）。先に述べたように、ビジネスモデル・キャンバスを作成する際には、マーケティングの知識を有していることが重要となります。

マーケティングを理解していなければ、ビジネスモデルを深く掘り下げられず、単にビジネスモデル・キャンバスのブロックを埋めるだけになってしまいます。もし、マーケティングの知識が足りていないと感じたら、ぜひ市場や顧客を理解する方法、価値の検討や伝える手段など、マーケティングの基本をあらためておさらいしてみてください。

図表 38：ビジネスモデル・キャンバスとマーケティングの関係

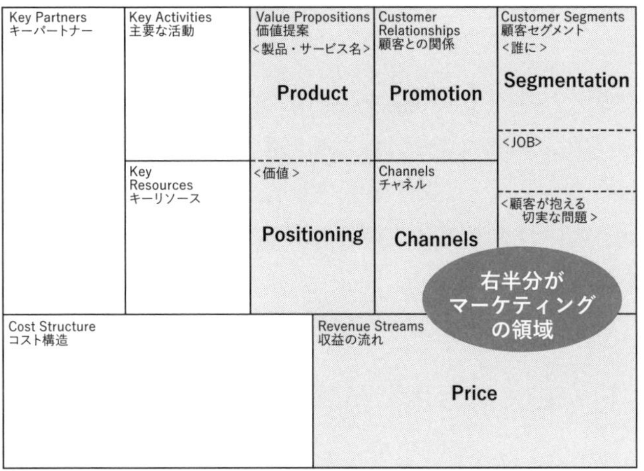

How to write Business Model Canvas 10

ビジネスモデルキャンバスの書き方 キーリソース

キーリソース（Key Resources）のブロックについて説明します。ここからは、ビジネスモデルにおいて提供する価値を生み出すためのインフラに関する要素を書きます。**キーリソース（Key Resource）のブロックでは、価値を提案するのに重要なリソースを検討します。**

ヒト・モノ・カネ・情報の視点で検討する

リソースとは、経営資源を表します。経営資源とは、**一般的に、ヒト・モノ・カネ・情報を指します**ので、これらの視点から価値を生み出すために必要なリソースだけを記述します。

ヒトは、独自の価値を提供するための人材や組織も含めて記述します。例えば、他社にはない高い技術力、専門知識をもった人材、顧客基盤は、ヒト関連のリソースだと言えるでしょう。特に、製造業にとって高い技術力は、価値の優位性を持続する上でも重要なリソースになります。自社が保有するコアとなる技術だけでなく、将来有望な技術も勘案しましょう。また、自社だけでなく他社の有望技術も価値を生み出すためのリソースにならないかを検討しましょう。ヒト・モノ・カネ・情報の中で、もっとも重要なのは、ヒトです。なぜなら、ヒト以外のものは、ヒトが生み出すことができるからです。

モノは、独自の価値を生み出すための建物や設備、ネットワークなどを記述します。例えば、工場やビル、生産設備や原材料、販売チャネルは、モノ関連のリソースと言えるでしょう。

カネは、独自の価値を提供するための財政上のリソースを記述します。例えば、キャッシュ・フローが潤沢で投資にあてる現金を多く保持していたり、ソフトバンクのように自社の信用を担保にして大規模な融資を受けることができたり、政府から助成金を多く受け取ることができるなどは、カネ関連のリソースと言えるでしょう。

情報は、独自の価値を生み出すために不可欠な情報を記述します。他社では決して入手できない情報です。例えば、「GAFA（Google、Apple、Facebook、Amazon）」と呼ばれる巨大ICT企業は、膨大な「顧客データ」を活用して事業を拡大しています。これはキーリソースに該当するでしょう（図表39）。

他にも知的財産があります。ブランドや特許、著作権などが該当します。また、独占的に販売の権利を有しているパートナーシップなども該当します。また、ソフトバンクが買収したARMは、CPUなどの設計を手掛ける企業ですが、CPUを開発・製造する企業に対して設計に関するライセンスを提供することでロイヤルティの収益を獲得しています。

図表39：キーリソース（ヒト・モノ・カネ・情報）

自社の強みを反映したリソースか確認する

キーリソース（Key Resources）のブロックでは、自社の強みを反映しているかを確認する必要があります。なぜなら、提案する価値に自社の強みが反映されていると、優位性を持続できるからです。自社の強みが活用できない場合は、他社と連携をしましょう。最近は、「共創」の取り組みが積極化してきており、他社と新しい価値を生み出すといった動きが活発化してきます。もしくは、状況によっては、自社がもたない強みを保有する他社を買収することで、自社の強みに変えることも有効でしょう。

強みを判断する場合、比較対象がなければなりません。必ず競合となる他社を想定して、比較しながら判断します。自社の強みを判断する上で、VRIOというフレームワークがあります。VRIOを活用して、自社の強みを整理してみるのも有効です。VRIOとは、経済価値（Value）、希少性（Rarity）、模倣困難性（Imitability）、組織（Organization）の4つの視点から、市場での競争優位性を把握するために用います。経済価値（Value）は、自社の強みが経済的な価値を有しているかを判断します。希少性（Rarity）は、自社の強みを他社が有していないかを分析します。模倣困難性（Imitability）は、文字通り自社の強みを他社が模倣できないかを判断します。組織（Organization）は、自社の強みを生み出し続けることができる組織かどうかを分析します。「経済価値→希少性→模倣困難性→組織」の順に分析を行い、それぞれの要素を有しているかを判断します。4つの要素がすべて揃うと、もっとも競争力が優位な状態にあると言えます。

図表 40：VRIO 分析

V Valuable	R Rarity	I Imitability	O Organization	
×	→	→	→	競争劣位
○	×	→	→	競争均衡
○	○	×	→	一時的な競争優位
○	○	○	○	持続的な競争優位

出典：『企業戦略論』ジェイ・B・バーニー

キーリソースを起点に設計する

日本の製造業は、高い技術力を有している企業が多いです。高い技術力を有しているわけですから、この技術力を活用しない手はありません。まず自社の高い技術力に着目し、それを最大限利用して価値を生み出せないか、あるいは、顧客の切実な問題を解決できないか、その結果、このような顧客を狙ったほうがいいのではないかという流れで考えることも十分あり得ます。先ほども述べたように、顧客セグメントと提案価値の２つのブロックを固めてから、その他のブロックを考えると説明しましたが、出発の起点はどのブロックでもかまいません。特に、製造業を営む企業は、キーリソースを起点にビジネスモデルを設計することが有効です。

ビジネスモデル・キャンバスの他のブロックとのつながり

キーリソース（Key Resources）のブロックとつながりが強いのは、「価値提案（Value Propositions）」「顧客セグメント（Customer

Segments)」「主要な活動（Key Activities）」「コスト構造（Cost Structure）」です。特に、「価値提案（Value Propositions）」との関係は必ず確認しておく必要があります。キーリソースにおける自社の強みによって、独自の価値提案、優位性が持続できる価値提案を実現できているといいでしょう。「顧客セグメント（Customer Segments）」は、自社が提供するリソースをもっとも求めている顧客になっているかどうか、さらに、自社が提供するリソースを求めている顧客が他にもいないかを確認しましょう。また、「主要な活動（Key Activities）」は、自社が提供するリソースの供給が途切れないための活動や、質が低下してしまわないような活動を考えておく必要があります。「コスト構造（Cost Structure）」は、利益率を高めるためには、自社が提供するリソースがより少ないリソースで同じ成果を実現できないかを確認します。

How to write Business Model Canvas

11

ビジネスモデルキャンバスの書き方 主要な活動

主要な活動（Key Activities）のブロックでは、ビジネスモデルを実現する上で、重要な活動を記述します。**独自の価値提案を提供するために必要な活動を検討します。**

 成功要因は何かを考える

ビジネスモデルを実現する上での重要な活動ですから、まずは成功要因を明らかにする必要があります。成功要因とは、他社に対して優位に立つために必要なこと、あるいはもっとも優位性があると思われる分野を特定してリソースを集中的に注ぎ込むべきことを指します。

例えば、鉄鋼業における成功要因は「規模の経済性」が挙げられます。設備投資など多くの固定費がかかる場合は、できるだけ生産規模を拡大して平均コストを下げることが求められます。あるいは、生鮮食品を扱うスーパーマーケットの場合、できるだけ仕入れ過ぎない、作りすぎずに廃棄率を減らすことが必要です。また、化粧品を扱う場合、化粧品は素材を調合すれば容易に作ることができるため、製造よりもむしろマーケティングや販売活動が重要となってくるでしょう。このように、このブロックでは、まずはこれら成功要因を明らかにします。

成功要因が明確になったら、その成功を実現するための活動を記述します。そのとき、注意しておきたい点があります。それは、一般的な活動を記述してしまわないようにすることです。つまり、自社だけでなくどの企業にとっても当てはまる活動です。それは避けましょう。理由は、一般的な活動になっているということは、提供する価値

第3章

が独自性のある価値になっていない可能性が高いからです。例えば、「開発活動」や「提案活動」などです。これらの活動は、どの企業でも行っていることです。ビジネスモデルで独自の価値を提供する上で、どんな開発活動が必要なのか、どんな提案活動が必要なのかをより具体的に検討するようにしましょう。

また、先述した「優れたビジネスモデル４条件」を思い起こし、これら４つの条件を満たすための活動はないかといった視点で検討するのも有効です。「効率性」を生み出すために必要な活動は何か、「補完性」を実現するために必要な活動は何か、顧客の「囲い込み」をするために必要な活動は何か、「新規性」を生み出すために必要な活動は何かなどです。４つの条件をすべて満たす必要はありませんが、自社のビジネスモデルで提供する価値にとって、必要な条件があればそれを活動として具体化しましょう。

自社と外部企業が担う領域を区分する

先にも紹介しましたが、ビジネスモデル研究の第一人者である神戸大学の教授であった加護野氏（2004）のビジネスモデルの定義は次のようなものでした。

「経営資源を一定の仕組みでシステム化したものであり、その活動を自社で担当するか、社外の様々な取引相手との間にどのような関係を築くか、を選択し、分業の構造、インセンティブのシステム、情報、モノ、カネの流れの設計の結果として生み出されるシステム」

つまり、経営資源を一定の仕組みにシステム化するためには、まずは自社が担う領域と外部企業が担う領域の線引きをする必要があると言及されています。

成功要因を明確にしたら、自社が担う領域と外部企業が担う領域の線引きをします。その判断は容易ではありませんが、次の視点で検討してみるといいでしょう。自社が担う領域は、自社の強みが発揮できるところ。外部企業が担う領域は、専門能力を取り入れたい場合や、外部企業に委託するほうがコストがかからない（安くなる）場合、自社のリスクを低減したい場合などです。

バリューチェーンで考える

主要な活動（Key Activity）のブロックを検討していると、これで十分なのか、抜けている点などがないかと気になります。その際にあらためて、「バリューチェーン」に沿って考えてみることはとても有効です。

バリューチェーンとは、バリュー＝価値、チェーン＝鎖ですから、企業において価値を生み出すための機能が鎖状につながっているといったイメージです。ハーバード・ビジネススクールの教授であるポーターが1985年に提供した概念で、企業のすべての活動が最終的な価値にどのように貢献するのかを体系的かつ総合的に検討できる考え方です。

具体的には企画、開発、設計、販売・マーケティング、調達、生産、物流、アフターサービス、人事・労務といった各機能とそれを担う主体が含まれるとしました。ただし、バリューチェーンが示す各機能は、企業によって異なります。例えば、製造業では、一般的に「開発」「生産」「販売」「アフターサービス」の４つに分けることができます（図表41）。

図表41：一般的な製造業のバリューチェーン例

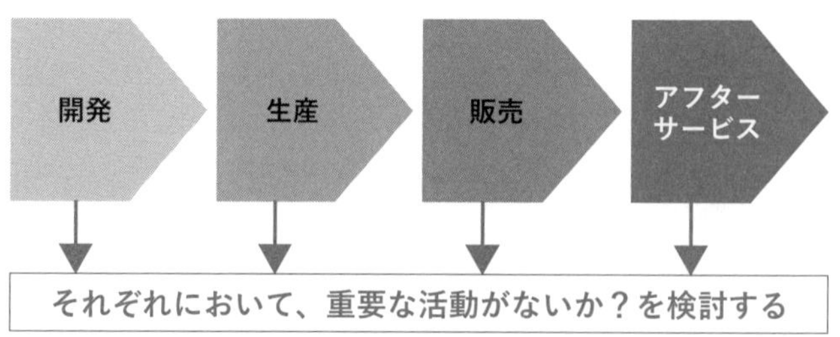

「価値提案（Value Propositions）」を実現するために、バリューチェーン上の「開発」の機能において重要な活動はないか、「生産」においてはどうか、「販売」においては、「アフターサービス」においては……というように各機能で重要な活動を検討します。例えば、米アップルやソニーなどのイノベーションを創り出すのに長けている企業は、「開発」における活動が多くなるでしょう。また、台湾の鴻海（ホンハイ）のように生産に特化している企業は、「生産」での活動が多くなるでしょう。さらに、資生堂など化粧品を扱う企業は「販売」における活動が多くなるでしょう。このように、企業によって重視する機能が変わってきます。

バリューチェーンの考え方を活用して、価値を生み出す機能ごとに重要な活動がないかを考えてみましょう。

 3つの価値基準から「主要な活動」を考える

もう1つ、主要な活動（Key Activities）のブロックを検討するのに有効な考え方があるので紹介します。それは、**「3つの価値基準」という考え方**です。かつて、トレーシーとウィアセーマは、顧客の選択とその選択に合わせた自社の価値基準の構築が必要だと言及し、マーケットリーダーの価値基準を3つのコンセプトとして提唱しました。

具体的には、①オペレーション・エクセレンシー（卓越した業務）、

②カスタマー・インティマシー(顧客との親密性)、③プロダクト・リーダーシップ（製品リーダー）の３つです（図表42)。

図表 42：3 つの価値基準

オペレーション・エクセレンシー 業務の卓越性	カスタマー・インティマシー 緊密な顧客関係	プロダクト・リーダーシップ 製品の優位性
・Q：品質が高い ・C：低価格で提供 ・D：短納期、スピード対応	・顧客の課題を解決 ・顧客との信頼関係を重視	・世の中にない製品の創出 ・性能・機能が高いレベルで他社をリード
ユニクロ、イケア、米マクドナルドなど	米 IBM、米アメックスなど	米アップル、ソニー、米 3M など

出典：『ナンバーワン企業の法則』トレーシー＆ウィアセーマ

①オペレーション・エクセレンシー（卓越した業務）は、卓越した業務運営によって、群を抜いたQ（Quality:品質)・C（Cost：コスト)・D（Delivery：納期・スピード）といった価値提供を実現している企業です。例えば、ユニクロやイケア、米マクドナルドが該当するでしょう。品質も悪くなく、低価格で提供し、スピードのある対応が特徴です。

②カスタマー・インティマシー（顧客との親密性）は、顧客との関係性を重視した価値提供をしている企業です。価格が高くても顧客との密着度をベースにして取引をします。例えば、IBMが該当するでしょう。顧客の課題解決を優先し、信頼関係を構築しながら特別な仕様を提供することが特徴です。

③プロダクト・リーダーシップ（製品リーダー）は、世の中にない製品・サービスを生み出す、あるいはその性能・機能が高いレベルでリードをしている企業です。例えば、アップルやソニー、米3Mが該当します。

トレーシーとウィアセーマは、マーケットリーダーはこの３つの価値基準のうち、どれか１つに長けており、残り２つは標準レベルを維持している企業だと言及しています。そして、企業は、選定した価値基準に対して、キーとなるリソース（コア・コンピタンスや資源の分配、人材の使い方）は、すべてこの価値基準に合わせるべきだと主張しています。

少し前置きが長くなりましたが、主要な活動（Key Activity）のブロックを検討する場合、自社がどの価値基準に該当するのかを明確にして、その選定した価値基準に基づいて主要な活動を考えることも有効です。

主要な活動の「効率性」を確認する

優れたビジネスモデル4つの条件の一つに、「効率性」がありました。主要な活動においても、非効率的な活動ではなく、常に効率的な活動ができているかを意識しておくことは重要です。例えば、ある活動を標準化することによって効率的にならないか、あるいはICTを活用することでもっと人材の負担を少なくできないかなどです。

また、新しいビジネスモデルで事業を展開すると、競合企業の参入や代替品の登場、市場の急速な成長、供給先の変化など、多くのリスクに立ち向かわなければなりません。その際に、自社が取り組む主要な活動ができなくなってしまう可能性がないか、取り組んでいる活動が無意味にならないかなどを確認する必要があります。

ビジネスモデル・キャンバスの他のブロックとのつながり

「主要な活動（Key Activities）」は、価値を実現するのに重要な活動となりますので、多くのブロックと強いつながりをもちます。具体的には、「価値提案（Value Propositions）」「キーリソース（Key Resources）」「キーパートナー（Key Partner）」「コスト構造（Cost

Structure）」です。

「価値提案（Value Propositions）」との関係は、言うまでもありません。独自の価値提案、優位性が持続できる価値提案が実現できる活動になっているかという目線が必要です。また、「キーリソース（Key Resources）」は、ヒト・モノ・カネ・情報の視点で、これらを最大限活かすための活動になっているかといった関係性を確認します。さらには、「キーパートナー（Key Partner）」は、自社と外部企業が担う領域を区分した上で、パートナーとなる外部企業とどのような関係を構築するか、どうマネジメントしていくかを考える必要があります。最後に、先述した効率性を考えるためには、「コスト構造（Cost Structure）」を一緒に考える必要があるでしょう。特に、劇的にコストを下げることができるなら、それに伴う重要な活動があるはずです。その他のブロックも、チャネルを最大に活かしたビジネスモデルであれば、当然ながら「チャネル（Channels）」に強い関係性をもちますし、先述したカスタマー・インティマシー（顧客との関係性）を重視する価値基準であれば、「顧客との関係（Customer Relationships）」にも影響しますので、多くのブロックと強いつながりがあることを認識し、確認するようにしましょう。

How to write Business Model Canvas

12

ビジネスモデルキャンバスの書き方
キーパートナー

キーパートナー（Key Partner）のブロックについて説明します。ビジネスモデルを実現する上で、重要なパートナーを記述します。**このブロックでは、独自の価値提案を提供するために必要なパートナーを明らかにします。**

オープン・イノベーションという考え方

最近、オープン・イノベーションという言葉をよく聞きます。自社だけで事業を創り上げることは少なくなってきており、自社のイノベーションプロセスを内部だけに留まらず、外部の知識や技術を取り入れながら、新しい価値を生み出そうという動きが活発になってきています（図表43）。10年前では考えられませんでしたが、大企業がベンチャー企業と組むというのが当たり前になっています。

2000年代はじめに、チェスブロウ氏がオープン・イノベーションの概念を提唱しました。目まぐるしく変化する技術や市場において、自社内でゼロから技術を開発しているとその変化についていけなくなるため、他社の知識や技術を取り入れながらその変化に対応していくことが必要であると指摘しています。したがって、価値を創造するためには、自社の内部の技術と外部の知識や技術を結合させることを意識したビジネスモデルの設計が必要です。

図表43：外部の知識や技術を取り入れて価値を生み出す

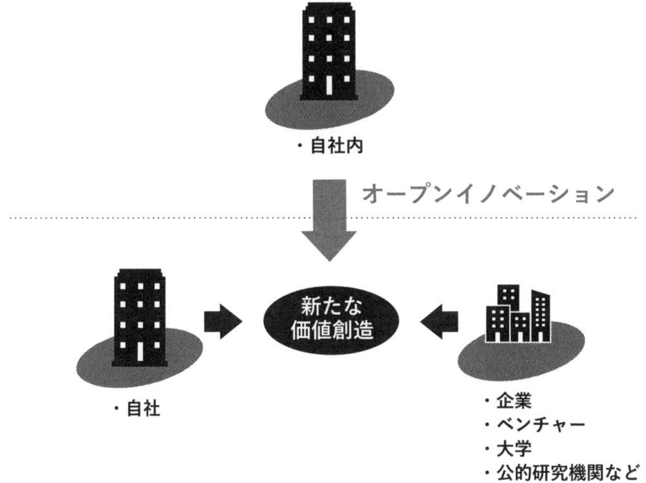

「共創」という言葉もよく聞きます。これはまさしく、自社と他社で共に新しい価値を創る取り組みです。先にも紹介したシュンペーターの「新結合」という言葉のように、自社が提供できる価値と他社が提供する価値を新しく結合させる取り組みですので、自社だけでは実現できなかった新しい価値を創り出し、イノベーションを生みやすくします。ここ数年、オープン・イノベーションによって、この「共創」の取り組みが盛んに行われています。その際、どのパートナーと組むのかがとても重要になります。

パートナーを考える切り口

オープン・イノベーションのように、企業がパートナーと共に「新しい価値を創り出す」という以外にも、パートナーとの組み方があります。

1つは、**「価値を創り出すための供給先」としてのパートナーがあ**

ります。供給先のパートナーを選定する場合、きちんと評価をした上で選定することが重要です。なぜなら、供給先の交渉力の脅威にさらされると主導権を相手に握られてしまい、思うように価値創造の取り組みを進められなくなるからです。また、実績などの評価も重要です。例えば、供給先の納入実績はどうなのか、あるいは技術力に関する実績はどうなのかなどです。極力、主観的評価を排除し、可能であれば定量的に把握し評価することが望ましいです。

もう1つは、**「コストを削減する」という視点でパートナーと提携することもあります。**他社と共同で設備・インフラを使用することでコスト負担を減らす、原材料を共同で仕入れることで原価低減を図るなどです。場合によっては、競合となる企業をパートナーとして組むことがあります。例えば、ビール業界では、ライバルと組んで共同配送によって物流コストを下げ、二酸化炭素排出量の削減を実現しています。ちなみに、競合となる企業とパートナーを組むという点からすると、「業界（製品）の標準化」を狙ったパートナーとの連携もあります。例えば、ブルーレイディスクのデファクトスタンダードを狙ってソニーやパナソニックが組んだ例が挙げられるでしょう。

パートナーはバイネームで記述する

形式的な点ではありますが、パートナーの記述方法について言及しておきます。このブロックはキーパートナーなので、文字通り、キーとなるパートナーだけを記述しましょう。すべてのパートナー企業を記述する必要はありません。

また、パートナーを記述する際は、バイネームで書きましょう。サプライヤーや保守会社というざっくりとした記述の仕方よりも、提携する企業名がわかっているのであれば、その企業名をそのまま記入したほうがイメージしやすくなります（企業名が不明の場合はその限りではありません）。

また、企業名を書いたらカッコでどんな役割を担っているのかを記述しましょう。例えば、○○社（開発）、□□社（保守）といった具合です。そうすると、聞いたこともない企業名が書かれていても、より具体的にイメージすることができます。

特定のパートナーに依存しすぎない

パートナーを選定したら、特定のパートナーに依存しすぎないことに注意しましょう。特に、先述した供給先についてのパートナーです。特定の供給先に依存すると、原材料の供給不足や価格の高騰によって自社に悪影響を及ぼす可能性があります。供給元の多様化を検討しておきましょう。また、オープン・イノベーションにおいても、特定の企業との連携に依存してしまうと、自社での技術開発や、アイデアを創出する能力が減退してしまう恐れがあるため、提携解消が自社に与えるマイナスの影響が大きくなることも認識しておく必要があります。

ビジネスモデル・キャンバスの他のブロックとのつながり

「キーパートナー（Key Partner）」との関係が強いブロックは、「価値提案（Value Propositions）」「チャネル（Channels）」「キーリソース（Key Resources）」「主要な活動（Key Activities）」「コスト構造（Cost Structure）」です。

「価値提案（Value Propositions）」は、オープン・イノベーションのところで言及した通り、自社内だけで新しい事業を創造することは少なくなっています。初めからオープン・イノベーションありきでビジネスモデルを設計するほうがいいでしょう。特に、中小企業はリソースが限られていることから、パートナーと価値を生み出すことありきで検討することは必須です。また、「チャネル（Channels）」は、パートナーとの組み合わせによって、販売の機会がないか、あるいは、パートナーのチャネルによってより広く顧客にリーチをするための関係になっているかなどを確認します。次に、「キーリソース（Key Resource）」は、自社で賄えないリソースでもっとも適したパートナーを選定できているか、相乗効果を生み出せそうかといった視点で確認するといいでしょう。「主要な活動（Key Activities）」は、パートナーと組んで重要な活動を行うことで、どんな価値が生み出せるのかをあらためて確認します。最後に、「コスト構造（Cost Structure）」ですが、パートナーと組むことで、どれくらいコストを低減できるのかを明らかにする共に、パートナーを巻き込んで今までにないコスト構造に変えることができないかという視点があってもいいでしょう。

How to write Business Model Canvas

13

ビジネスモデルキャンバスの書き方 コスト構造

コスト構造（Cost Structure）のブロックは、ビジネスモデルを実現する上で、発生する重要なコストを記述します。利益を生み出すためには、いかにコストを小さくするかがポイントとなります。その点を意識して、コスト構造を検討します。

このブロックで明確にすべき点は、①主なコスト項目、②コストの構造です。 価値を生み出すのに発生する主なコストを明らかにすることと、そのコストを劇的に小さくする方法を検討します。

主なコスト項目を記述する

①主なコスト項目は、ビジネスモデルに必要なコスト項目を記述します。 最初の段階で詳細に記述する必要はありません。おおよそどれくらいのコストが必要なのかわかればいいでしょう。例えば、ICT企業がソリューションを提供する場合、システムインテグレーション人件費、システム費、保守人件費、上流でコンサルティングも実施するのであればコンサルテーション人件費といった形で、右隣のブロックにある「収益の流れ（Revenue Streem）」と同じように、箇条書きで表現します。

記述するコスト項目を整理する上で、固定費と変動費に分けて整理すると抜け漏れなく検討することができます。固定費とは、生産量にかかわらずかかる費用です。例えば、人件費、販売管理費、減価償却費、研究開発費などが該当します。一方、変動費とは、生産量に比例して変わる費用です。例えば、製造業であれば原材料費、小売業であれば商品の仕入れ費、外注費などが該当します（図表44）。

図表 44：売上・費用と変動費・固定費の関係

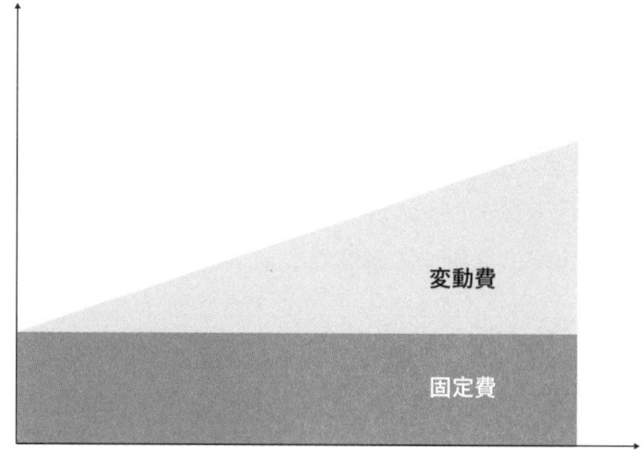

持続的な低コスト構造を検討する

②コストの構造は、もっとも外部から見えにくいところでもあるため、他社との差別化が図りやすく模倣しにくい部分でもありますから十分に検討する必要があります。特に留意したい点は、**劇的にコストを減らす方法を考え、持続性のあるコスト構造を設計することです。**

劇的にコストを減らし、持続性のあるコスト構造にするためには、既存の業務（ビジネスモデル）のコスト構造を改善するといったレベルで検討しても不十分です。例えば、原材料費、販売管理費、物流費などの変動費の削減や、人件費や間接部門の合理化による固定費の削減によって、多少利益を生み出せるようになるかもしれませんが、劇的なコスト削減は望めません。ですから、既存のコスト構造から離れてゼロからコスト構造を考えるという意識をもつことが必要です。劇的にコスト構造を変えるためには、**「②-1従来の常識を疑う」「②-2パートナー企業に任せる」「②-3固定費を変動費化する」「②-4そもそもやらないことを選択する」という４つの視点で考える**ことが有効です（図表45）。

図表45：劇的にコストを減らす方法

②-1　**従来の常識を疑う**
②-2　**パートナー企業に任せる（もたざる経営）**
②-3　**固定費を変動費化する**
②-4　**そもそもやらない**

「②-1従来の常識を疑う」は、なかなか容易にできることではありません。なぜなら、ずっとその業界にいて今までの方法で慣れている中で、常識を常識として捉えることが難しいからです。まず意識するところから始める必要がありますし、できればまったく異なる業界にいた第三者の人からアドバイスをもらうことが有効です。

従来の常識を疑って成功した事例として、フィットネスクラブの米カーブスが挙げられます。カーブスは女性を対象に30分間の健康体操教室を謳った簡易型のフィットネスクラブです。一般に、フィットネスクラブは運営する上で環境設備に多くの投資がかかります。カーブスは、コスト面において一般のフィットネスクラブの常識を覆しました。例えば、高価なトレーニング設備を簡易なトレーニング設備に変え、設備数も大幅に減らしました。また、プールやシャワーといった設備もなくして従来の常識を覆し、固定費を劇的に減らしました。このように、一般のフィットネスクラブとまったく異なるコスト構造を設計しました。

「②-2パートナー企業に任せる」は、いわゆる「もたざる経営」に象徴されるように、自社でコストを費やす部分と外部のパートナー企業に任せる部分を決定する際に、自社の強みが発揮できる部分を自社でもち、それ以外をパートナー企業にアウトソーシングする方法です。

先述したキーエンスは、FAセンサーを製造・販売する企業ですが、自社で工場をもたずに、外部パートナー企業に生産を委託しています。工場という大きな資産をもたず、事業の環境変化に応じて生産量を調節できます。このような方法をファブレスと言いますが、最近、自社で工場をもたずに、パートナー企業に任せることでコストを劇的に減らしている企業が多くなっています。

「②-3固定費を変動費化する」ことは、事業環境の変化が激しい現代においては有効です。事例としては、先述したあべのハルカスの入退場システムが挙げられます。入退場システムを導入した企業への支払いは、入場者数に応じて決まりますので、入場者数が減っても、つまり収益が減っても、同時に支払うコストも減ってくれるので、大幅にリスクを減らすこともできます。

「②-4そもそもやらないことを選択する」は、コストを削減するという発想ではなくて、そもそも活動をしないことを決めるといった考え方です。そのためには、提供する価値の「選択と集中」が必要です。提供する価値を絞り込むことで、活動自体をなくすことができます。例えば、先述した10分1200円のカットを行うQBハウスは、10分間でカットのみを行い、シャンプーや髭剃りといったサービスがありません。それらの活動自体がなくなるためコストを大幅に減らすことができると同時に、急いでいるビジネスパーソンに対して10分間でカットできるという価値を提供でき、コスト削減と価値拡大というトレードオフを見事に解決しています。

ビジネスモデル・キャンバスの他のブロックとのつながり

「コスト構造(Cost Structure)」との関係が強いブロックは、「顧客セグメント(Customer Segments)」「価値提案(Value Propositions)」「チャネル(Channels)」「収益の流れ(Revenue Streams)」「キーリソー

ス（Key Resources）」「主要な活動（Key Activities）」です。
「顧客セグメント（Customer Segments）」は、カーブスで見たように、女性をターゲットに絞り込むことで、女性だけが望む価値提案につながり、コストも大幅に減らすことができました。「価値提案（Value Propositions）」は、「選択と集中」を行うことで、自社が訴求する価値提供だけにコストを投じることができます。価値の「選択と集中」という視点から関係性を確認してみましょう。「収益の流れ（Revenue Streams）」では、当たり前ではありますが、「収益 ＞コスト構造」になっている必要があるので確認しましょう。「チャネル（Channels）」は、広く顧客にリーチをするためにはコストが必要です。コストと顧客へのリーチのバランスを確認しましょう。「キーリソース（Key Resources）」に記載する、価値を実現するリソースは、コストに直結します。過剰なリソースになっていないか、そもそも必要なリソースなのかをあらためて確認する必要があります。最後に、「主要な活動（Key Activities）」は、価値を生み出すための主要な活動において、どの活動にコストがかかるのかを確認し、さらにコストを小さくする方法を検討してみましょう。

How to write Business Model Canvas 14

鳥の目で各ブロックの関係性を確認する

ビジネスモデル・キャンバスのそれぞれのブロックを書いたら、再度鳥の目になって、ビジネスモデル全体を俯瞰しましょう。その際に、**注意したいのは各ブロックの関係性です。**本書では各ブロックの書き方の最後に関係性を確認するときの視点を記述しています。それらを参考にして、あらためて確認してみましょう。

「すべての道はローマに通ず」ということわざがありますが、これをビジネスモデル・キャンバスに置き換えてみると、「すべてのブロックは価値提案（Value Propositions）に通ず」と言えるでしょう。ビジネスモデル・キャンバスの真ん中にある「価値提案（Value Propositions）」は、すべてのブロックと深い関係があります。したがって、各ブロックを確認する際には、「価値を実現するために各ブロックの内容が記述できているか？」と投げかけながら確認をするといいでしょう。

例えば、「価値を実現するためのチャネル（Channels）が記述できているか？」「価値を実現するためのリソース(Key Resources)が記述できているか？」「価値を実現するための収益の流れ（Revenue Streams）が記述できているか？」などです。

確認をする際に必ず注意しなければならないのは、繰り返しとなりますが、「価値提案（Value Propositions）」と「顧客セグメント（Customer Segments）」にある「顧客が抱える切実な問題」との関係です。このブロック間の紐づけがなされていなければ、ビジネスモデルは成立しないと言ってもいいでしょう。必ず確認をするようにしてください。

アスクルのビジネスモデルキャンバスを見てみよう

ここまでビジネスモデル・キャンバスの書き方について説明してきましたが、具体的にイメージがわきにくい部分もあるかと思います。ここでは、オフィス用品通販サービスを展開しているアスクルの事業をビジネスモデル・キャンバスの事例として掲載します。

図表 46：アスクルのビジネスモデル・キャンバス事例

Key Partners キーパートナー（KP）	Key Activities 主要な活動（KA）	Value Propositions 価値提案（VP）	Customer Relationships 顧客との関係（CR）	Customer Segments 顧客セグメント（CS）
・全国の文具店（エージェントによる顧客開拓・与信管理） ・製品を仕入れるメーカー（品揃えの実現） ・宅配業者（明日来るの実現）	・文具店とのエージェント契約 ・顧客視点によるカタログの製作 ・ロングテール戦略の実現のための連携 **Key Resources キーリソース（KR）** ・エージェント（文具店） ・カタログ製作ノウハウ ・全国7拠点の物流センター	**【製品・サービス】** ・カタログ通販事業 ・アスクルモデル **【価値】** ・簡単に注文ができて明日持ってきてくれる ・業務の作業が効率化できる ・豊富な品揃えがあり適した商品を選ぶことができる（選んでいて楽しい）	・定期的なカタログ送付 ・地域に密着したエージェントの細やかな対応 ・顧客の声を聞くためのコールセンター **Channels チャンネル（CH）** ・エージェント（文具店） ・商品カタログ	**【誰に】** ・30人未満の中小企業 **【JOB】** ・欲しいものを欲しい時に届けてほしい **【顧客の切実な問題】** ・店頭まで文房具を買いにいかなければならず面倒 ・文房具を買いに行く時間がかかり業務が進まない ・色々な文房具を使ってみたい

Cost Structure コスト構造（C$）	Revenue Streams 収益の流れ（R$）
・仕入れ商品 ・カタログ製作費 ・物流センター構築・運用 ・宅配費 ・エージェント手数料 ・コールセンターの人件費	・文具・オフィス商品の売上

アスクルは、もともと文具メーカーだったプラスの新規事業として立ち上がりました。かつては、コクヨが文具業界においてはガリバー企業として君臨していました。プラスは生き残りをかけて文具・事務用品のカタログ通販サービスを開始しました。

文具・事務用品市場は、法人の売上金額が75%、個人が25%でした。当時、法人はおよそ660万社あり、そのうち30名未満の中小企業が630万社ほどで95%を占めていました。

大企業は、文具・事務用品を購入する場合、文具店の営業担当者を通じて購入することができました。大企業は注文量が多く、文具店にとっては一定の注文数が確保できるため、一般の価格よりも低価格で提供していました。一方、30人未満の中小企業は、個人と同様、文具店までわざわざ行って購入しなければなりませんでした。そのため、文具を購入する時間がかかり、業務が進まないこともよくありました。さらに、文具店は製品を置くスペースが限られており、売れ筋製品しか置いていないため、購入する文具も限定されていました。

コクヨは、系列の卸を多く抱えており、全国の小規模文具店に対して支配力をもっていたため、大企業での取引を独占していました。また、量販店やコンビニエンス・ストアも文具を扱っており、価格や品揃えなどで有利に展開し、文具店から顧客を奪っていました。プラスは厳しい経営状況のなか、危機を打開するため、新規事業として、文具・事務用品のカタログ通販を行うこととなりました。

中小企業の顧客は、プラスの新規事業によってカタログを通じて文具・事務用品を購入することができるようになりました。そのことで、わざわざ文具店まで購入しに行く必要もなくなり、簡単な注文で、翌日製品を配送してもらえる(社名のアスクルは「明日来る」が由来)ようになりました。また、文具の購入にかける時間も大幅に減り、業務の効率化が進みました。さらには、商品は親会社のプラス製品以外のメーカーの製品も扱うようにしたため豊富な品揃えとなり、顧客は売れ筋商品だけではなく、自分たちに適した商品を選ぶことが可能になりました。

カタログの配布は、アスクル自ら行うのではなく既存の文具店(エージェント)を通じて行いました。地域に詳しい文具店に顧客開拓や与信管理、代金回収を委託するほうが効率的で、アスクルとしても本業に専念することができるというのが理由です。

アスクルは定期的にカタログを送付することで、顧客との関係性を持続させました。また、既存の文具店（エージェント）は、地域に密着した細やかな対応により、新たな顧客を開拓しました。ただ、アスクルは直接顧客と接する場をもつことができないため、本社のフロアの中心にコールセンターを設け、顧客の声を収集する仕組みを構築しました。顧客の声をカタログの見直しや製品の品質改善に役立てています。

商流は、アスクル → 文具店（エージェント）→ 顧客となり、製品とカタログはアスクルから直接顧客に送りました。文具・事務用品が売れると、文具店（エージェント）への手数料が発生します。

カタログ通販事業を実現するための成功要因は4つありました。

1つは、文具店（エージェント）の活用です。先述した通り、とりわけ新規顧客開拓には欠かせませんでした。そのため、できる限り広く、文具店（エージェント）と契約をする必要があります。

次に、カタログの製作です。カタログは、顧客が購入するためには必ず目にするものです。顧客にとってわかりやすい製品の説明や順序、レイアウト、さらにはワクワクするような楽しさを演出するなど、カタログを製作するためには、かなり高いノウハウが必要となります。実際に、カタログの発送前には、必ず社長が最終チェックをするほどアスクルではカタログ製作を重視しています。

3つ目は、商品の品揃えです。店舗では品揃えには限界がありますが、カタログにおいては制約がほぼありませんので、多くの製品を掲載して販売することが可能です。そのためには、親会社のプラス以外にも連携をする必要があります。ちなみに、これをロングテール戦略と言います。インターネット販売の米アマゾンの例が代表的ですが、少数の売れ筋商品に頼るのではなく、売れ筋ではない多数の商品の販売量を積み重ねることで、全体の売上を確保する戦略です。

4つ目が、「明日来る」を実現するための物流網の構築です。アスクルでは、全国7拠点の物流センターを構築し、翌日発送を実現しました。

アスクルがカタログ通販事業を実現するためには、パートナーとの協業も重要です。顧客開拓や与信管理、代金回収を実現するための文具店（エージェント）、ロングテール戦略による品揃えを実現するための商品を仕入れるメーカー、また、翌日配送を実現するための宅配業者などです。

最後に、アスクルの主なコストを固定費と変動費に整理して確認してみます。まず固定費は、翌日配送の「明日来る」を実現するための物流センターの構築コストとそれを運用するための費用がかかります。また、カタログを製作するための費用（人件費を含む）がかかります。さらには、顧客の声を直接聞く仕組みであるコールセンターの人件費もかかるでしょう。一方、変動費は、商品を仕入れる必要がありますので仕入費用、製品が売れれば文具店（エージェント）に手数料を支払わなければなりません。さらには、宅配費用なども大きなコストの負担となります。

以上、アスクルは、親会社であるプラスの既存のビジネスモデルとはかぶらない領域で、新しいビジネスモデルを設計しました。1997年には分社化を行い、2001年には店頭公開を果たし、急成長を遂げていきます。取り扱う製品も文具に加えて事務用品を幅広く扱うようになり、OA/PC用品、飲料や食品、生活雑貨、家具、医療・介護消耗品まで取り揃え、現在では約38000品目を超えています。売上も3800億円（2019年度5月）を超え、文具業界におけるシェアもコクヨを抜いてトップになっています。

How to write Business Model Canvas

16 参入障壁を確認する

ビジネスモデル・キャンバスで書いた各ブロックの関係性を確認できたら、参入障壁が構築できているかの確認をしましょう。参入障壁が見られない場合は、検討し直す必要があります。参入障壁とは、新規事業で新しい市場に参入する場合の「障壁」であり、既存業者にとっては他社の新規参入を阻止したい場合の「優位性」を指します。**新規事業として参入する場合は、参入障壁が低ければ有利になるので参入障壁が低い事業を狙います。一方で、事業を立ち上げた後は、参入障壁が高ければ有利になるので、参入障壁を高める努力を継続的に行なっていくことが必要です。**

私の新規事業創造の支援では、メンバーたちは新規事業を立ち上げる際の参入障壁をどう乗り越えようかといった検討はしますが、事業を立ち上げた後に参入障壁をいかに高めるかといった点は、検討できていないケースが目立ちます。

ハーバードビジネススクールの教授であるポーターは、この**参入障壁を7つに分類しています。①規模の経済、②製品の差別化、③巨額の投資、④仕入れ先を変更するコスト、⑤流通チャネルの確保、⑥規模とは関係のないコストの不利、⑦政府の政策です。**

①規模の経済は、事業の規模が大きくなるほど製品やサービス一つあたりのコストが小さくなることですが、大規模生産が一般化しているので、新規参入しようとする企業にとっては大きな障壁になります。

②製品の差別化は、製品が機能、品質、デザイン、アフターサービスなどで差別化がされている場合に障壁となります。特に、強力なブランドイメージを確立できている場合は、新規参入しようとする企業

は容易ではありません。

③巨額の投資は、研究開発や設備投資など投資額が大きな市場では投資自体が高い障壁となり新規参入が難しくなります。特に、市場から退出しようとする際に、投資したものが回収できなくなる（サンク・コストと言います）場合は、さらに新規参入が難しくなります。

④仕入れ先を変更するコストは、品質面や審査の手間などにかかるコストです。部品などを購入する企業が新たに仕入れ先を切り替えるコストが大きい場合は、新規参入する企業にとっては参入障壁となります。特に、製造業では大きな影響を受けます。

⑤流通チャネルの確保は、自社の新製品やサービスを流通させるには多大な労力とコストが必要となるため、既にある自社の流通チャネルを活かせればいいですが、チャネルを一から構築しなければならない場合は、新規参入する企業は高い参入障壁となります。特に、BtoC企業は大きな影響を受けます。

⑥規模とは関係のないコストの不利は、既存企業が、独占的な技術（特許等）がある、立地に恵まれている、独占的に原材料を入手できる、習熟や経験則による蓄積がある場合、新規に参入しようとする企業は、規模と関係なくコスト面で不利となり、高い参入障壁となります。

⑦政府の政策は、医薬品や銀行など、行政の許認可が必要となる場合や既存企業が法的に優遇されている場合は、新規参入する企業にとって高い障壁となります。

先ほどのアスクルの事例で、参入障壁について確認してみましょう。上記の７つの参入障壁のうち、大きく関与しているのは、②製品の差別化、③巨額の投資、⑤流通チャネルの確保です。

②製品の差別化は、ビジネスモデル・キャンバスの「価値提案（Value Propositions）」に書かれているカタログ通販事業を通じて簡単に注文ができて「翌日配送」を実現している点、他社製品も扱い豊

富な品揃えを実現している点が障壁となっています。後者の豊富な品揃えは、アスクル事業を立ち上げた後に高めた障壁です。

③巨額の投資は、社名にもなっている「アスクル（明日来る）」を実現するために、ビジネスモデル・キャンバスの「キーリソース（Key Resources）」に書かれている全国7拠点の物流センターは巨額の投資を必要とするので障壁となります。

⑤流通チャネルの確保は、ビジネスモデル・キャンバスの「チャネル（Channels）」に書かれているエージェント（プラスの販売店）と契約を行って全国に展開したことが障壁となり、顧客の与信管理や新規顧客の開拓に大きく寄与して、他社が参入しにくくなりました。

このように参入障壁を検討することは、ビジネスモデル設計においてとても重要です。ポーターが分類した7つの視点から、今の市場にある参入障壁をどう乗り越えるのか、あるいは今後の新規参入による脅威に対してどのように防衛策を確立するのかを検討してみましょう。

競合に対して優位性が維持できる点を確認する

参入障壁を検討することの重要性について言及しましたが、事業を立ち上げた後は優位性をずっと維持しつづけることが望ましい姿です。そこで、設計したビジネスモデルが、なぜ競合他社（あるいは、今後競合と想定される企業）に対して優位性が維持できるのかを明確にしておく必要があります。この点がうまく説明できない場合は、ビジネスモデルが脆弱な場合があります。なぜなら、ビジネスモデルの性質として、競争優位の獲得が目的でもあるからです。ビジネスモデルが再現できる仕組みとするなら、いいアイデアは必ず再現され、模倣されます。模倣された場合に、それでも自社の優位性が持続できるように設計しておくことが重要です。

先ほどのアスクルの事例で、競合他社に対して優位性が維持できる点を確認してみましょう。アスクルのビジネスモデルは、文具・オフィス用品のリーダー企業であるコクヨの収益源を破壊するモデルであったことが挙げられます。コクヨの最大の強みは、卸や小売店を支配している点にありました。文具店でコクヨの文具品を置いていないお店はありません。アスクルの親会社であるプラスは、コクヨの強みである卸や小売店の支配を破壊してしまうカタログ通販モデルを設計することで、その収益源までも破壊することを可能にしています。

実際、アスクルはプラスの販売店へ配慮し、物流は顧客と直接取引をしていますが、商流を販売店経由にしました。コクヨはアスクルのビジネスモデルの模倣をしたくても、自社の強みである卸・小売店が足枷となってしまい、急成長しているカタログ通販市場への参入が遅れました。また、参入してからも、コクヨは卸・小売店に配慮して商流にそれらを介在させるモデルであったため、不利な状況が続いています。

このように、事業を立ち上げた後に、自社の優位性が持続できるように設計できているかを確認しておきましょう。

自己強化型ループを見出す

最強のモデル「自己強化型ループ」

設計したビジネスモデルは、一過性で終わることなく事業が継続することが望ましいことは述べました。そして、立ち上げた事業が成長していくことが重要です。何をすれば成長しつづけ、事業が継続していくのかを見極める必要があります。その際、「自己強化型ループ」という考え方が有効です。

これは代表的なシステム思考の1つで、**一部のブロックが強くなることで、他のブロックに影響を与え、全体としての強化をもたらすという意味です。**ビジネスモデル・キャンバスに適用すると、どこか1つのブロックを強くすることで、「価値提案（Value Propositions）」をはじめ他のブロックも強化され、正のサイクルをもたらし全体として拡大するということになります。

先ほどのアスクルの事例で確認をしてみましょう（図表47）。まず「主要な活動（Key Activities）」にある文具店（エージェント）との契約に着目します。契約を増やすと、文具店は顧客開拓をするので、「顧客セグメント（Customer Segments）」にある30人未満の中小企業である顧客数が増えます。顧客数が増えると「価値提案（Value Propositions）」の製品・サービスに記載がある「カタログ通販」の利用者が増えます。利用者が増えると製品に対する要望も増えて、それに応えるにつれて「価値提案（Value Propositions）」にある品揃えが増えていきます。品揃えが増えて取り扱う商品数が増えると、「収益の流れ（Revenue Streams）」にある文具・事務用品の売上が増大します。収益が増大すると、「主要な活動（Key Activities）」にある文具店（エージェント）との契約をさらに増やすことが可能です。といった具合に、自己を強化するループを見出しましょう。

図表 47：アスクルの自己強化ループ

Key Partners キーパートナー（KP）	Key Activities 主要な活動（KA）	Value Propositions 価値提案（VP）	Customer Relationships 顧客との関係（CR）	Customer Segments 顧客セグメント（CS）
・全国の文具店 （エージェントによる顧客開拓・与信管理） ・製品を仕入れるメーカー （品揃えの実現） ・宅配業者 （明日来るの実現）	・文具店とのエージェント契約 ・顧客視点によるカタログの製作 ・ロングテール戦略の実現のための連携 **Key Resources キーリソース（KR）** ・エージェント （文具店） ・カタログ製作ノウハウ ・全国７拠点の物流センター	【製品・サービス】 ・カタログ通販事業 ・アスクルモデル 【価値】 ・簡単に注文ができて明日持ってきてくれる ・業務の作業が効率化できる ・豊富な品揃えがあり適した商品を選ぶことができる （選んでいて楽しい）	・定期的なカタログ送付 ・地域に密着したエージェントのこまかな対応 ・顧客の声を聴くためのコールセンター **Channels チャンネル（CH）** ・エージェント （文具店） ・商品カタログ	【誰に】 ・30 人未満の中小企業 【JOB】 ・欲しいものを欲しい時に届けてほしい 【顧客の切実な問題】 ・店頭まで文房具を買いにいかなければならず面倒 ・文房具を買いに行く時間がかかり業務が進まない ・色々な文房具を使ってみたい

Cost Structure コスト構造（C$）	Revenue Streams 収益の流れ（R$）
・仕入れ商品 ・カタログ製作費 ・物流センター構築・運用 ・宅配費 ・エージェント手数料 ・コールセンターの人件費	・文具・オフィス商品の売上

SWOTの視点で各ブロックを評価する

ビジネスモデルを強化する方法として、SWOTの観点から評価してみることも有効です。SWOTとは、Strengths（強み）、Weaknesses（弱み）、Opportunities(機会)、Threats（脅威）の頭文字を組み合わせています。

ビジネスモデル・キャンバスのそれぞれのブロックについてSWOTで評価することで、さらに強化すべき（もしくは足らない）強みを見出したり、改善すべき弱みを確認したり、イノベーションを生み出すためのヒントが得られたり、逆にイノベーションを阻害する要因を明らかにできます。先ほどのアスクルの事例で、SWOTの視点からビジネスモデルのブロックを評価してみましょう。

図表48：アスクルのSWOT評価

Key Partners キーパートナー（KP）	Key Activities 主要な活動（KA）	Value Propositions 価値提案（VP）	Customer Relationships 顧客との関係（CR）	Customer Segments 顧客セグメント（CS）
・全国の文具店 ⊕ （エージェントによる顧客開拓・与信管理） ・製品を仕入れるメーカー （品揃えの実現） ・宅配業者 （明日来るの実現）	・文具店とのエージェント契約 ⊕ ・顧客視点によるカタログの製作 ・ロングテール戦略の実現のための連携	【製品・サービス】 ・カタログ通販事業 ・アスクルモデル ⊕ 【価値】 ・簡単に注文ができて明日持ってきてくれる ・業務の作業が効率化できる ・豊富な品揃えがあり適した商品を選ぶことができる （選んでいて楽しい） ⊕	・定期的なカタログ送付 ・地域に密着したエージェントのこまかな対応 ・顧客の声を聴くためのコールセンター ⊖	【誰に】 ⊕ ・30人未満の中小企業 【JOB】 ・欲しいものを欲しい時に届けてほしい 【顧客の切実な問題】 ・店頭まで文房具を買いにいかなければならず面倒 ・文房具を買いに行く時間がかかり業務が進まない ・色々な文房具を使ってみたい
	Key Resources キーリソース（KR）		**Channels チャネル（CH）**	
	・エージェント （文具店） ・カタログ製作ノウハウ ・全国7拠点の物流センター ⊖		・エージェント （文具店） ⊕ ・商品カタログ	
Cost Structure コスト構造（C$）			**Revenue Streams 収益の流れ（R$）**	
・仕入れ商品 ・カタログ製作費 ・物流センター構築・運用 ・宅配費	・エージェント手数料 ⊖ ・コールセンターの人件費		・文具・オフィス商品の売上 ⊖	

「顧客セグメント（Customer Segments）」は、十分なサービスを受けられていなかった30人未満の中小企業が630万社もあり、法人の95%を占めているので、今後顧客を開拓する余地が大きいと判断できます（+）。

「価値提案（Value Propositions）」は、コクヨの強み（卸や小売店網）を逆手に取ったカタログ通販により（+）、翌日配送（明日来る）という迅速な対応やロングテール戦略に見られる幅広い商品の品揃えは顧客に受け入れられるでしょう（+）。

「チャネル（Channels）」は、既存の文具店（エージェント）をうまく活用できる点で強みに変えることができました（+）。

「顧客との関係（Customer Relationships）」は、顧客の声を直接聞くためのコールセンターを設置しており、これには膨大な人件費がかかります（−）。ちなみにこのコールセンターは集客をせずに顧客の声を聞くためだけにあります。

「収益の流れ（Revenue Streams）」は、文具・事務用品の収益のみとなっていますが、定期的にカタログを配布しており、繰り返しの利用が期待できるものの、安定した収益の獲得においては不安が残ります（−）。

「キーリソース(Key Resources)」では、翌日配送を実現するため物流センターを構築するなど多くの資本を必要とします（−）。

「主要な活動（Key Activities）」は、高度なノウハウを必要とするカタログの製作は、他社が模倣できないレベルにあります（+）。

「キーパートナー（Key Partners）」は、アスクルの弱みである顧客開拓や与信管理、代金回収を実行する文具店（エージェント）は大きな強みになるでしょう（+）。

「コスト構造（Cost Structure）」は、文具・オフィス商品が売れるたびに、文具店（エージェント）への手数料の支払いが発生するため、大きな費用負担となっています（−）。

　このように整理すると、アスクルは「顧客セグメント（Customer

Segments）にある30人未満の中小企業の開拓余地が大きい点に着目して、「キーパートナー（Key Partners）」にある文具店（エージェント）を拡大し、「価値提案（Value Propositions）」にあるような翌日配送（明日来る）という迅速な対応や幅広い商品の品揃えをさらに充実させることが有効であることが見えてきます。一方で、「収益の流れ（Revenue Streams）」で継続した収益モデルを考える、あるいは、「コスト構造（Cost Structure）」での文具店（エージェント）への手数料の支払いに工夫が必要といったビジネスモデル上の課題が見えてきます。

このような評価をもとにして、イノベーションのヒントになるよう、さらなる議論を行い意思決定に活用しましょう。

第4章

ビジネスモデル
キャンバスの仮説検証

Review of Business Model Canvas

ビジネスモデルキャンバスの完成度を高める リーンスタートアップ

さて、ビジネスモデル・キャンバスの書き方で説明したように、初期の段階では、ビジネスモデル・キャンバスはプロトタイプのような使い方をします。ブロックに書き入れる内容はすべて仮説になりますので、その仮説を顧客が受け入れてくれるのか、あるいは、価値を生み出すインフラが実現できるのかなど、仮説の妥当性を検証する必要があります。

本章では、ビジネスモデル・キャンバスに書いた仮説を検証する方法について説明します。

リーンスタートアップとは？

リーン・スタートアップは、エリック・リース氏が提唱したもので、「無駄なく、新しい事業を立ち上げる」という意味合いです。新規事業を進める上での１つの方法論で、今では主流な考え方となっています。

従来、新規事業を創造する場合、企業は莫大な投資をして、多くの人材を配置し、長い開発期間をかけて、ようやく新しい事業を創り上げていました。その結果、多くの顧客が購入をしてくれれば、費やしたお金や人、時間を回収することができますが、千三つと言われる新規事業においては思うように売れないことも多く、膨大な経営資源を無駄に費やしていました。

一方、リーン・スタートアップの考え方で新規事業を創造する場合は、投資を最小限に抑えながら、最低限の製品・サービスの作りこみを行い、顧客の反応を観察します。顧客は「興味ないよ」「おもしろそうだね」といった様々な反応を示します。

その反応を製品・サービスに反映します。そして、再び顧客のもとへ行って反応を観察します。すると、また顧客は、「ここまでの性能を求めていた！」「この機能は不要」といった様々な反応を示します。そして、その反応を再び製品・サービスに反映します・・・、といった取り組みを繰り返します。これらの取り組みは、できるだけスピーディーに行います。

そして、顧客が対価を支払うまでこのサイクルを繰り返します。つまり、迅速にこのサイクルを回すことで「顧客への検証による学び」を獲得し、無駄に経営資源を費やすことなく、飛躍的に成功率を高めることができるのです(図表1)。次項からはリーン・スタートアップの3つの特徴について説明していきます。

図表1：従来の開発手法とリーン・スタートアップ

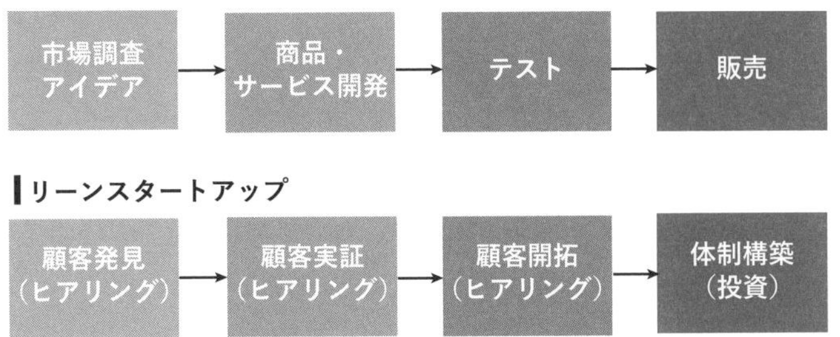

出典：『スタートアップ・マニュアル』スティーブン・ブランク

Review of Business Model Canvas

2

リーンスタートアップの特徴①
ピボット

1つ目の特徴は、「ピボット」です。「ピボット」とは、「方向転換」を表します。**リーン・スタートアップの考え方で新規事業を創造する場合、「ピボット」ありきで進めます。**つまり、何度も事業の「方向転換」を繰り返しながら、ブラッシュアップを行います。最初の段階では、アイデアがまだ形になったばかりなので、頻繁に「ピボット」をすることになるでしょう（図表2）。ブラッシュアップを繰り返すうちに、「ピボット」の数も減っていきます。

この「ピボット」をすべきかどうか判断する場合には、ある程度の勇気が必要です。なぜなら、自分の信念にもとづいて考え出したアイデアを、ある意味、顧客に否定されるわけで、その事実を認めなければならないからです。しかし、顧客からの否定を受け入れられずに、自分の考えに固執してしまうと、顧客が求めているものを提供することができません。特に、過去に多くの成功体験を積み重ねた人や強烈な成功体験をもつ人ほど、ピボットの判断ができない場合が多いです。したがって、リーン・スタートアップでは、「ピボット」ありきだと割り切って進めていくことをお勧めします。

私が新規事業を支援している現場では、事業アイデアを評価する立場の人が「ピボット」を理解しておらず、アイデアをすぐに「批判・否定」してしまい、早い段階でアイデアを潰してしまうケースが散見されます。新規事業を評価する立場にある人は、批判・否定するのではなく、どのようにしたら（方向転換して）うまくいくかをサポートする存在でなくてはなりません。

イノベーションは、馬鹿げたアイデアから生まれることも多いのですが、新規事業を評価する人が、過去の既存事業の成功体験をもとに評価してしまうと、効率性や合理性などを求めてしまうため、「そんなアイデアは今までの経験上、うまくいったことがない」と、批判・否定してしまうのです。もちろん、場合によっては批判・否定をする必要もあるのですが、「ピボット」ありきの姿勢で評価をしていかないと、イノベーションは生まれにくくなります。

図表2：最初の段階ではピボットは多くなる

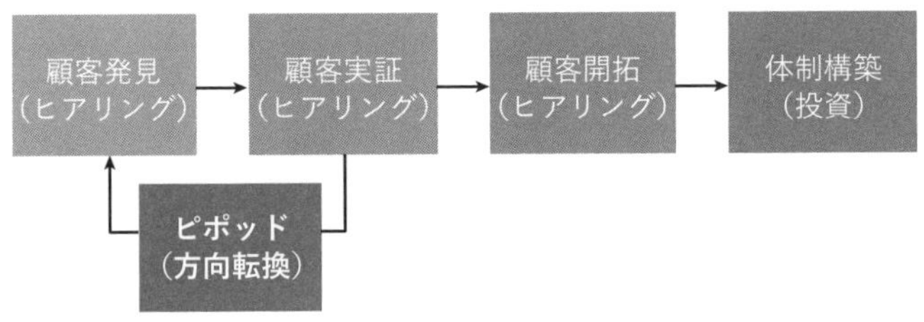

Review of Business Model Canvas

3

リーンスタートアップの特徴②
MVP

2つ目の特徴は、「MVP」です。「MVP」とは、Minimum Viable Productの略であり、顧客の切実なニーズを引き出す「必要最小限の機能をもち、実用できる製品・サービス」という意味です。一言で言うと、仮説です。

リーン・スタートアップを進める場合は、必ず「MVP」を創り上げ、提案するものを形にしてから、顧客のもとへ行くようにしてください。 新しい事業というのは、今まで世の中に存在しておらず、誰も見たことや聞いたことがないものです。提案しているメンバーたちはイメージできているかもしれませんが、顧客は新規事業の検討プロセスに参加しているわけではありませんので、言葉だけで説明してもなかなか理解できません。

しかし、提案するものが形になっていると顧客はイメージしやすく、理解が深まり、本質的なフィードバックを返してくれる可能性が高まります。また、メンバーにとっても、「MVP」を創り上げることを通じて、より具体的にイメージしやすくなり、曖昧だった点が明らかになったり、問題点なども見えてきます。サービスの場合はモノがありませんので、絵コンテを描く、動画を作るなどして、必ず提案内容を可視化できるようにしてください。

「MVP」を創る際には、次の点に留意してください。それは、時間とコストをかけないことです。「MVP」はまだ試作の段階なので、そこに膨大な時間をかけて丁寧に創り上げる必要はありません。以前、私が支援していた製造業のクライアントで、「品質の○○（社名）」と言われるぐらい品質には妥協しない企業がありました。そのため

「MVP」であっても、「顧客に中途半端なものは出せない、最高の品質になるまで創り上げてから顧客に出しなさい」という方針で、結局、品質にこだわりすぎて数ヶ月もかけてしまい、スピード感のあるベンチャーにとって代わられたということがありました。

最終製品の品質にはもちろんこだわってほしいのですが、試作段階である「MVP」は顧客がイメージできればいいので、極力時間をかけないようにしてください。また、コストもかけないようにしましょう。最初は、段ボールや小道具など身の周りにある「ありもの」を使って形にする程度で問題ありません。

一言で「MVP」といっても様々な種類があります。完成形に近い「最終形MVP」、機能に忠実な「機能MVP」、さらに外見だけが最終形に近い「外見MVP」です。実現度や解像度が高い「最終形MVP」をいきなり目指す企業が多いですが、当然ながらコストと時間がかかってしまいますので、最初からそこを目指すのではなく、「機能MVP」「外見MVP」から作るのもいいですし、実現度や解像度の完成度がもっとも低い「ラピッドMVP」を作るところから始めるのがいいでしょう。先述した段ボールや小道具の「ありもの」を使って形にするのは、まさに「ラピッドMVP」です。

図表3：プロトタイプ（MVP）の種類

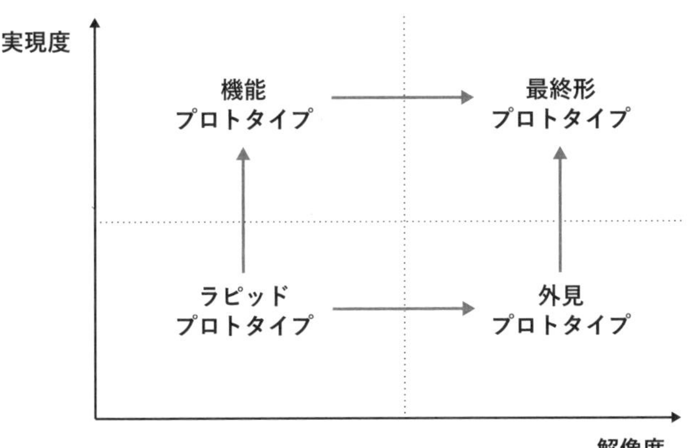

出典：『21世紀のビジネスにデザイン思考が必要な理由』佐宗 邦威

Review of Business Model Canvas

4

リーンスタートアップの特徴③ アーリーアダプター

3つ目の特徴は、「アーリーアダプター」です。これは、「イノベーター理論」の用語の1つです。「イノベーター理論」とは、1962年にスタンフォード大学の教授であったロジャースが提唱したイノベーションの普及に関する理論を指します。これは、顧客が新しい製品・サービスを購入する態度を5つのタイプに分類して説明したものです（図表4）。

図表4：イノベーション理論

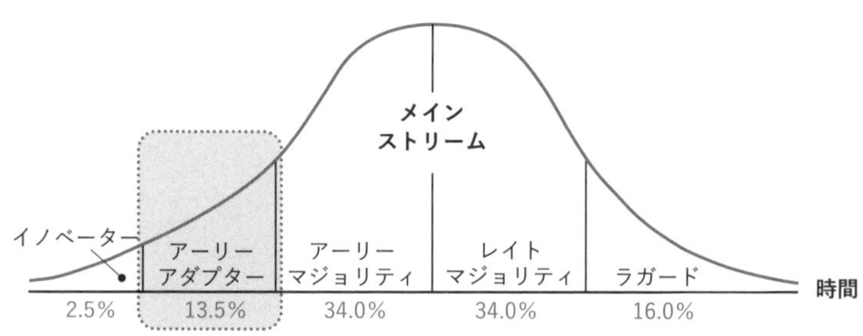

新しい製品・サービスが市場に投入されてから、もっとも早く購入する人を「イノベーター（革新的採用者）」と呼び、これは全体の2.5%ほど存在するとしています。イノベーターの特徴は、誰よりも早く製品・サービスを手に入れたい、使ってみたい人たちです。早く手に入るのであれば、製品・サービスが高くても購入しますし、多少問題が存在しても購入します。

次に、「イノベーター」の影響を受けて購入する人を「アーリーアダプター（初期少数採用者）」と呼びます。全体の13.5％ほど存在するとしています。アーリーアダプターの特徴は、「自らの抱えている問題を解決すること」を最優先の課題としていることです。だから問題が解決できるのであれば、製品・サービスが高くても購入します。また、常に問題を解決するための情報収集を行い、アンテナを張っています。したがって、**リーン・スタートアップでは、このイノベーター理論で言うアーリーアダプターを対象に検証を行います。**そうすることで、新しいものを創るのにいいフィードバックがもらえる可能性が高くなります。

ちなみに、アーリーアダプターの後に購入する人たちを「アーリーマジョリティ（前期多数採用者）」「レイトマジョリティ（後期多数採用者）」と呼びます。それぞれ34％ほど存在しますので、合わせて68％を占めます。彼らの特徴は、新しい製品・サービスには保守的で、製品・サービスの購入実績や評価を確認してからでないと購入しません。また、価格も安くならないと購入しません。その次に、「ラガード（採用遅滞者）」がいます。およそ16％存在します。彼らの特徴は、トレンドや世の中の動きに関心がなく、製品・サービスの購入に対してもっとも保守的です。結局、最後まで購入しない人も存在します。

リーン・スタートアップでは、アーリーアダプターに検証を行うことが有効だと言いましたが、どの人がアーリーアダプターかを判断することは容易ではありません。先ほどの特徴を参考にして、見極めるようにしてください。

また、世の中にないものやイノベーションの創出に向けて潜在的なニーズを把握する場合には、「イノベーター」を対象にするのも有効でしょう。なぜなら、彼らは企業が想定していないような方法や、マニュアルを無視した独自の方法で製品・サービスを使用するので、彼らの行動には「潜在的な問題」が存在する可能性があるからです。

Review of Business Model Canvas 5

GEのファストワークス(Fast Works)

リーン・スタートアップをうまく実践している企業の事例として、米ゼネラル・エレクトリック(以下、GE)を紹介します。GEは、1892年に発明家であるトーマス・エジソンが創った会社です。100年以上にわたって、アメリカ産業界を牽引していきた優良企業です。

GEは、2008年のリーマンショックで金融事業が大打撃を受けて、当時のCEOだったジェフ・イメルトが「GEをシリコンバレー化する」と宣言し、デジタル化を中心とした新規事業創造を推進しました。「リーン・スタートアップ」を独自に体系化し、「ファストワークス(Fast Works)」という名のもと取り組みました。

GEは様々な事業を行っていますが、主力事業の1つに、航空機エンジンや火力発電のガスタービンなどの製造・販売があります。このような大型で、かつ安全を担保しなければならない製品でもリーン・スタートアップの考え方、手法が適用できることを実証しました。

GEは、顧客が求めるものを理解して仮説を立ててから開発に取り組み、そのプロセスでフィードバックを得て、必要に応じてピボットを繰り返すという、まさにリーン・スタートアップの考え方や進め方を実践しました。その結果、GEが開発したHA型ガスタービンは、開発期間を従来の約半分の2年弱にまで短縮し、市場に投入されました。また、期間の短縮だけではなく、同時に高性能の燃焼効率を実現しました。

図表5：GE ファストワークス

出典：GE REPORTS JAPAN サイト

顧客への検証はどのくらい必要なのか

リーン・スタートアップは、投資を最小限に抑えて「MVP」をもって顧客のもとへ行き反応を観察することだと説明をしましたが、どれくらいの件数を行えばいいのでしょうか？ もちろん、正解があるわけではありませんが、1件や2件で済むものではありません。ここでは、あくまでも目安として、どれくらいの件数を行えばいいのかを説明します。

私が新規事業の支援をしているときは、**BtoB企業については、事業の立ち上げまでにおいてだいたい30件のインタビューや観察をする**ようにお願いしています。とはいえ、既存事業の業務との兼務で時間の制約があったり、経験がないため方法がわからないという理由で多くの人にとっては、30件はハードルが高いようです。どうしても30件達成できない場合は、最低でも10件以上とお願いしています。10件ほどのインタビューや観察ができれば、おおよその顧客の回答パターンが見えてきます。

また、BtoC企業は100件以上の顧客との直接対話や観察をお願いしています。100件を一人ひとり確認することは、かなりの負担を強いられるため、アンケートを実施することも有効です。ただし、アンケートだけに依存するのは危険です。なぜなら、アンケートの設問は結果を予測して設計するため、顧客の考え方を狭くさせ、MVPが受け入れられるかを把握するのには十分ではないからです。したがって、直接対話や観察とアンケートの両方を実施し、バランスよく組み合わせることが大切です。

Review of Business Model Canvas 7

顧客への検証の留意点

顧客との直接対話や観察を行う際の留意点をいくつか紹介しましょう。

訪問先の確認

基本的には、新規事業創造が目的なので、新規の顧客にアプローチをする必要があります。既存顧客は、現状の製品やサービスである程度、満足をしているケースも多いためです。その場合、人脈などネットワークをどれだけもっているかが重要となりますが、人脈を生かした紹介だけでは限界があるでしょう。ときには、飛び込みで新規の顧客を開拓することも必要です。

とはいえ、新規開拓が思うようにいかず、既存顧客にアプローチをすることもあるかと思います。その場合は、社内での調整が必要になる場合があるので気をつけましょう。特に、大企業においては、営業部門を通して顧客にアプローチせずに、勝手に連絡を取ってしまうと社内の軋轢を生んでしまう、ひいては顧客に迷惑をかけてしまうことがあります。したがって、既存顧客にアプローチする場合は、社内の調整に時間をかけすぎないように、トラブルを起こさないように留意しながら、顧客へアプローチしましょう。

顧客のキーマンを確認する

BtoB企業では、顧客へのアプローチができたとしても、企業の窓口の担当者の声を聞いて満足している場合があります。しかし、窓口の担当者が必ずしも、その企業の声を代表しているというわけではありません。したがって、必ず企業のキーマンへアプローチするようにしましょう。

キーマンの特徴は、専門知識が豊富で、予算の財布をもっており、意思決定権をもっていて大きな影響を与えることができる人です。もちろん、企業の窓口の担当者がキーマンの場合もありますが、その点を見極めないと、価値提案に結びつく本質的な情報を得ることができません。ただ、新規顧客の場合は、キーマンであるかの見極めが難しいのと、すぐにキーマンに出会えるチャンスが少ないでしょう。実際にキーマンにたどり着くまでに相当な時間を要することもあります。

顧客に関する情報の収集

顧客のもとでの対話や観察をする上で、顧客を理解するために情報を徹底的に収集・分析しておくことが重要です。その場合、まずはインターネットなどで公開されている二次情報（これに対してヒアリング情報などの公開されていない情報は一次情報といいます）から収集しましょう。二次情報だけでも、ある程度顧客に関する情報が収集できます。例えば、顧客の製品、業界での地位、課題、今後の方向性、財務状況などを理解しておきます。

そしてそれらを踏まえて、仮説を立案します。仮説の立案は、顧客が抱える切実な問題を探るための仮説もあれば、提案する価値が妥当かどうか確認する仮説（MVP）もあります。仮説を立てずに手ぶらで顧客のもとへ行って、なにかヒントをもらおうと考えるのはよくありません。なぜなら、顧客がわかっていることは聞き出せるかもしれませんが、潜在的な問題やニーズを引き出すことはできないからです。また、顧客も暇ではありませんので、検証したい仮説をきちんと立ててそれを検証する手立てをもって、顧客にとっても有益な場となるようにするべきでしょう。

 対話の場合、あらかじめ質問票を顧客へ送る

顧客のもとへ行き、対話を通じて仮説を検証する場合、あらかじめ確認したい項目を整理し質問票として送っておきましょう。そうすることで、顧客も準備することができます。自分自身にとっても何を検証すべきかが対話前に明確になり、具体化することができます。

質問票は、A4サイズ２～３枚程度で作成してください。あまり長すぎると顧客にとって負担となってしまいます。当日は質問票以外の方向に話が展開されることもありますので、多くの質問項目を盛り込むのは避けましょう。

実際の対話では質問票の項目に沿って確認していきますが、それだけではいけません。重要だと思われる点は、具体化するために深く掘り下げていくことで顧客が見えていない問題やニーズを把握したり、まったく異なる視点から質問することで顧客が気づいていない点などを探ったりして検証を進めましょう。

第5章

ビジネスモデルキャンバスを事業計画書に落とし込む

Make Business Model Canvas the business plan

ビジネスモデルキャンバスと事業計画書を紐づける

事業構想からはじめ、仮説検証を繰り返しながらビジネスモデルを設計できたら、立ち上げまでの事業計画のおおよそ7割程度はできあがったと考えてもいいでしょう。残りは、新規事業に関わる関係者にさらに説得力を高めるために、ビジネスモデルだけでは説明されない点について考えます。本章では、ビジネスモデル・キャンバスと関連付けた事業計画書の書き方について説明します。

本書における事業計画書の考え方の特徴

ビジネスモデル・キャンバスが完成しただけでは、新規事業は生まれません。ビジネスモデル・キャンバスは、あくまでもツールであり手段の1つです。その後、新規事業に関わる関係者に説明するために、事業計画書を作成する必要があります。新規事業に関わる関係者とは、社内の協力者、投資を決定する社内幹部、ベンチャーキャピタルや銀行、事業パートナー、場合によっては、事業を説明するための顧客も該当するでしょう。このような関係者を想定しながら事業計画書を作成していきます。

事業計画書を一言で表現すると、「事業創造のミッションを担うチームが、事業の内容と進め方について取りまとめた計画書」と言えます。

新しい事業を始めるためには、投資が必要です。投資をする側の社内意思決定者やベンチャーキャピタル・金融機関などは、当然ながら収益性を意識して新規事業に投資します。また、新しい事業には必ずリスクが発生します。まったくノーリスクの新規事業は絶対にあり得ません。投資をする側は、そのリスクを踏まえて最終的に収益が獲得できるかどうかの意思決定を行います。このような重要な意思決定を仰ぐためには、事業の内容や計画を可視化して説明する必要があります。

事業計画書に書く項目は、法律で決まっているわけではありませんので形式は自由です。とはいえ、事業に関わる関係者に、事業の魅力が伝わるものでなければなりません。

事業計画書に書く項目は後述しますが、本書の考え方はタイトルにもある通り、ビジネスモデル・キャンバスと紐づけながら事業計画書を作成する点が特徴です。**事業計画書に紐づける視点は、①ビジネスモデル・キャンバスを補完する内容、②ビジネスモデル・キャンバスを深く掘り下げた内容、③仮説を裏付けるためのヒアリングや観察による情報です**（図表1）。

図表1：ビジネスモデル・キャンバスを事業計画書に紐づける視点

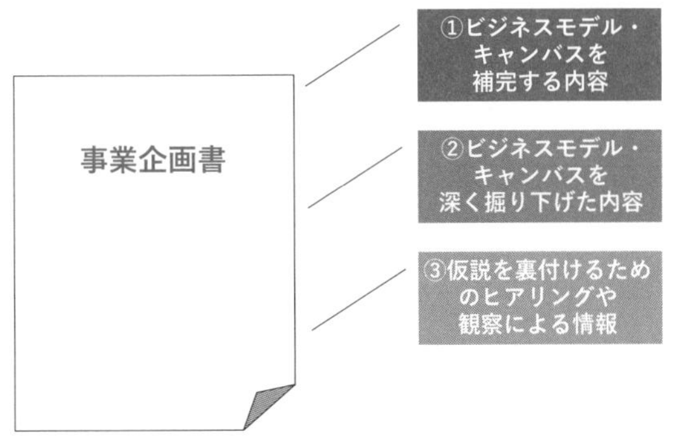

ビジネスモデル・キャンバスは、ビジネスモデルを構成する重要な要素だけを取り上げています。しかし、事業を立ち上げるための要素をすべて網羅しているわけではありません。

例えば、競合状況について書くブロックがありません。そもそも新しい事業は競合が存在しないために優先度を下げ、ビジネスモデル・キャンバス上に書くためのブロックを設けなかったのだと思われます。しかし、事業の立ち上げには競合状況は重要な要素です。特に、後発で成長市場へ参入する場合は、競合他社がひしめき合うなかでいかに差別化を図った価値提供ができるかが成功を左右します。

また、リスク状況を書くためのブロックも存在しません。投資の意思決定をするためには必須項目ですが、事業の構造を設計するという点では優先度は低くなります。

さらには、投資回収計画を書くブロックも存在しません。事業計画書ではいつから黒字になるのか、どれくらい儲かる事業なのかを明らかにすることは必須です。

このように、ビジネスモデル・キャンバスには書かなかった重要な要素を事業計画書で補完をして具体的に表現するのが、①ビジネスモデル・キャンバスを補完する内容となります。

②ビジネスモデル・キャンバスを深く掘り下げた内容については、各ブロックに書いた内容をさらに具現化します。特に、ビジネスモデルを設計する重要な要素は、よりイメージをしてもらうために詳細に説明をする必要があります。例えば、顧客像、顧客の困りごと、提供する製品・サービス、提案する価値などです。顧客の困りごとについて数値化して詳細な実態を説明したり、提供する製品・サービスは試作品や絵にしたりして、ビジネスモデル・キャンバスに書かれている内容を深く掘り下げます。

③仮説を裏付けるためのヒアリングや観察による情報は、ビジネスモデルの設計で得た情報を事業計画書で紹介します。私はこの情報をとても重視しています。**事業計画書の4〜6割くらいはこの情報で構**

成されていてもいいと考えます。なぜなら、どんなに素晴らしいアイデアでも、仮説を裏付けるための情報がなければ、「それはあなたたちが勝手に考えたことでしょう？」と指摘されたら、それまでだからです。新規事業として考えたアイデアが深い洞察力で裏付けられていたり、技術面で専門家からお墨付きがあったり、顧客から対価を払うので今すぐ欲しいといった情報があったりすると、説得力がまったく違ってきます。

このように、ビジネスモデル・キャンバスをベースにしながら、事業計画書を作成します。余裕がある場合は、ビジネスモデルの設計と並行して事業計画書を作成することをお勧めします。

Make Business Model Canvas the business plan

2

良い事業計画書、悪い事業計画書の共通点

良い事業計画書の共通点

私は今までの新規事業支援で、数百もの事業計画書を見てきました。これらの事業計画書を見ていると、興味をもち、投資をしてもらえる良い事業計画書と、まったく関心をもたれない悪い事業計画書において、それぞれ共通している点を見出しました。ここでは、主な共通点をそれぞれ３つずつ紹介します。

まず、**良い事業計画書の共通点は、「①簡潔でわかりやすいもの」「②客観的な情報に裏打ちされているもの」「③顧客の切実な問題を捉えているもの」です。**

「①簡潔でわかりやすいもの」は、一目瞭然で読み手が理解できるものです。特に、良いビジネスモデルはシンプルです。何度も説明しなければ理解できないビジネスモデルはまず成功しないと言っていいでしょう。ビジネスモデルがシンプルでなければ、事業計画書も複雑になります。あるベンチャーキャピタリストから聞いた話によると、事業計画書の説明を6分間受けて、１つでも頭に「？」があると、まずその事業に投資をしないそうです。当然ながら、新規事業を検討する場合は、喧々諤々と議論しながら進めていきますが、そのアウトプットはとてもシンプルでわかりやすいものにすることを意識しましょう。

「②客観的な情報に裏打ちされているもの」は、二次情報（公開されている情報）を収集して分析されていて、かつ、ヒアリング情報や観察した情報で仮説が裏打ちされているということです。ここで気をつけたいことは、二次情報の分析だけに偏ってしまうことです。よく散

見するのは、分析することが目的化してしまっているケースです。分析症候群にならないようにしましょう。また、ヒアリング情報や観察した情報は、先述した通り、事業計画書の4～6割を占めるくらいがいいと考えます。逆に言えば、これらの情報がまったくない事業計画書は話になりません。

「③顧客の切実な問題を捉えている」は、特に製造業は気をつける必要があります。なぜなら、プロダクトアウト志向により、技術説明に偏ってしまい、顧客の困りごとやニーズをないがしろにしている場合があるからです。高い専門性と業界（現場）の知識、さらには市場環境の変化に対する理解度を高め、顧客が抱える問題にできるだけフォーカスしていることが、良い事業計画書だと言えます。

悪い事業計画書の共通点

悪い事業計画書は、良い事業計画書の裏返しとも言えますが、別の視点では次のような共通点が見みられます。**「①自社がなぜ提供すべきなのか説明がつかない」「②アイデアが収益に変換できていない」「③コンティンジェンシープランが書かれていない」です。**

「①自社がなぜ提供すべきなのか説明がつかない」は、提案する新しい事業の取り組む意義の説明が不足していることです。散見するのは、自社が目指す方向性と整合性がないケースです。自社がわざわざ投資する必要性に疑問がある提案です。また、自社の強みを活かしていないケースも挙げられます。

「②アイデアが収益に変換できない」は、現場では素晴らしいアイデアが多く出ていますが、それを収益に変えるための工夫が見られない、あるいは顧客が喜んで対価を支払う方法が書かれていないケースです。企業は慈善事業やボランティアをしているわけではありませんので、収益の獲得を強く意識しなければなりません。

「③コンティンジェンシープランが書かれていない」は、そもそもコンティンジェンシーとは、「予期せぬ事態に備えて予め定めておく緊急時対応計画」という意味ですが、これらを考えておらずまったく事業計画書に反映できていないということです。代替オプションがなく１つの事業計画のみの提案は危険です。一本足だと、その提案がうまくいかなくなったときにゲームオーバーとなってしまうからです。前提の根拠が崩れたときを想定し、Plan B、Plan Cを考えておく必要があります。

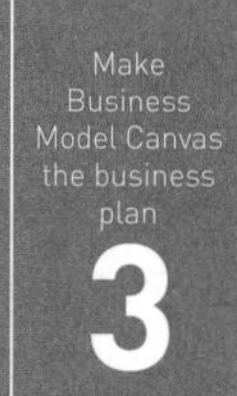

事業計画書に盛り込む項目とその書き方

事業計画書に書く項目は何か

事業計画書に具体的に書く項目について紹介します。図表２にある通り、次の項目を書き入れます。

図表 2：事業計画書に書く項目

⓪ ビジネスモデルの設計（BMC の作成）
① 事業概要（サマリー）
② マクロ環境分析（PEST）情報
③ 市場分析情報
④ ターゲット顧客と顧客の困りごと
⑤ 製品・サービス名と提案する価値
⑥ 価値創出のためのリソース
⑦ ピクト図
⑧ 競合状況
⑨ 販売計画
⑩ 想定されるリスク
⑪ 投資回収・損益計画
⑫ 今後の展開
⑬ 推進体制
⑭ 今後に向けての課題
⑮ 実行計画

ヒアリング情報や現場の観察情報をビジネスプランに盛り込む

検証結果の情報（裏付ける情報）を反映することがポイント。

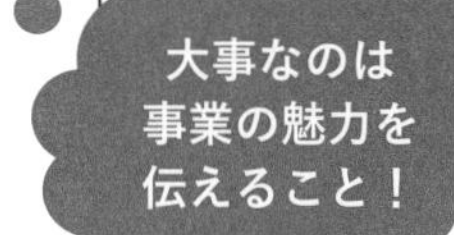

これらの項目は機械的に埋めればいいというものではありません。事業の魅力が伝わるようにストーリーを描くことが重要です。

繰り返しとなりますが、事業計画書で書く項目でビジネスモデル・キャンバスにある内容を補足したり、深掘りする項目は、その点を指摘して紐づけながら説明をします。

①事業概要（サマリー）

まず前提として、事業計画書は結論から先に書きます。小説は結論（オチ）が最後に来ますが、事業計画書は先に結論を伝え、その後に結論を実現するための詳細について説明します。**①事業概要に書く主な内容は、(1)提案概要、(2)提案背景、(3)収益性です。**

(1)提案概要は、提案する内容を簡潔に説明します。簡潔といってもなかなか表現が難しいかもしれませんが、「誰（どの市場）に」「どんな価値を」「どのように」といった視点から検討しましょう。あるいは、「Before」と「After」に分けて表現してもわかりやすいでしょう。「Before」には問題を提示し、「After」には問題を解決して実現する世界を表現します。この概要は、事業計画書の最初の説明、つまり「掴み」になるので、写真や動画を導入するなどの工夫をしてインパクトのある表現を心掛けましょう。

(2)提案背景は、なぜこの提案をするのかを説明します。事業テーマを選定する際に、「取り組む意義」を確認することに言及しました。自社がその事業に取り組む意義を事業概要の項目で説明してください。事業計画書では、新規事業を実現するための「内容（What）」や「方法（How）」を詳しく説明しますが、そもそも「なぜ（Why）」この提案をするのかを説明しなければ、投資をする側は、疑問をもちながらその後の内容や実現方法を聞くことになってしまいます。先述した通り、「自社のミッションやビジョンの実現」「国際社会からの要請」「問題意識」「自社の強み」「実現したい未来」などの切り口から、提案の背景を説明しましょう。

(3)収益性は、投資をする側は、どれくらい収益を獲得できる提案なのかが気になります。それを冒頭で伝えておきます。向こう5年間でどれくらいの売上額と利益額が見込めるのかを示します。

②マクロ環境分析（PEST）情報

マクロ環境分析（PEST）情報は、すでに事業テーマを決めるときや、ビジネスモデル・キャンバスを書くときに「魚の目」で分析を行っていますので、その分析内容を整理し、本提案に深く関わっている点を取り上げげて説明します。ここでは、事業計画書の説明時間の無駄を省くために、周知の事実であるわかりきった内容を詳しく説明する必要はありません。一方、本提案にインパクトのある機会や脅威となる重要な点は状況を詳しく説明し、さらに理解を促すためにグラフや図を使ってわかりやすく可視化することを意識してください。また、マクロ環境で他に補足すべき分析がないかをチェックし、必要であればさらに分析を行います。

③市場分析情報

市場分析情報も、マクロ環境分析と同じようにすでに分析を行っていますので、その分析内容を整理し、本提案に深く関わっている点を取り上げます。予想される市場の規模と成長性についてグラフや図などでわかりやすく可視化することを意識するようにしてください。提案内容がゼロから1を創り出す新規事業の場合は、事業テーマ選定の際にも述べた通り、「顧客数 × 顧客単価 × 頻度」で計算を行い、事業規模の概算値を記述してください。そして、その場合の根拠をきちんと示して説明できるようにしておいてください。

④ターゲット顧客と顧客の困りごと

ターゲット顧客と顧客の困りごとは、ビジネスモデル・キャンバスの「顧客セグメント（Customer Segments）」で明確にしていますので、その内容を具体化したものを説明します。

ターゲット顧客は、ビジネスモデル・キャンバスの「顧客セグメント（Customer Segments）」に記述した顧客を書きますが、具体的にどんな顧客なのかを説明します。その際に、**「ペルソナ」を書いておくと効果的です。**「ペルソナ」とは、提供しようとする価値に対して「もっとも重要で象徴的な顧客モデル」を指します。提供する価値をもっとも求めている一人の顧客像について、ユーザーイメージやプロフィール、提供する製品・サービスという視点で仮説で立てます（図表3）。

図表3：ペルソナ（もっとも重要で象徴的な顧客モデル）

■ プロフィール	■ ユーザーイメージ
・名前 ・年齢 ・年収 ・勤務先 ・趣味	

■ 製品・サービスについて
・製品・サービスを購入する目的や動機 ・購入する製品・サービスを決定する際の評価ポイント ・製品・サービスの利用方法や利用シーン ・ユーザー歴や製品・サービスに対する知識、経験の度合い ・製品・サービスに満足している点、不満な点

例えば、ユーザーイメージは、写真や絵で顧客を示します。また、プロフィールは、名前や年齢、年収や勤務先、趣味などを示します。さらに、製品・サービスは、購入目的や動機、購入する製品・サービスを決定する際の評価ポイント、製品・サービスの利用方法や利用シーン、ユーザー歴や製品の知識・経験の度合い、製品・サービスに満足している点や不満な点などを示します。事業計画書では、「ペル

ソナ」を紹介して、具体的にどんな顧客なのかを説明するとわかりやすいです。こちらも、絵コンテや動画で説明することで、より具体的な顧客像を伝える工夫をしましょう。

また、ターゲット顧客の説明として、時間軸での顧客の変化を示しておくと理解しやすくなります。主に、3ステップで表現するといいでしょう（図表4）。

図表4：ターゲット顧客の変化

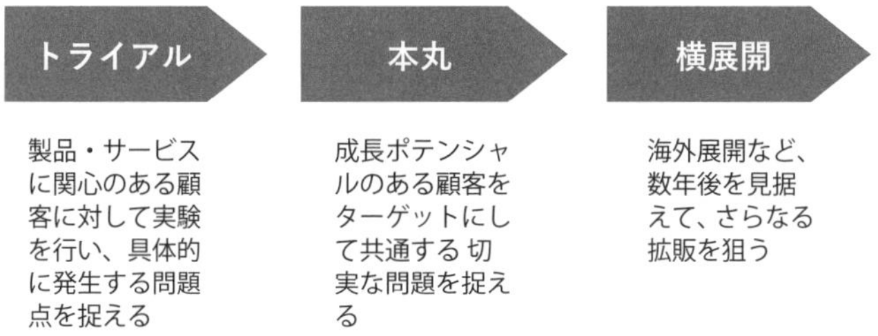

トライアル	本丸	横展開
製品・サービスに関心のある顧客に対して実験を行い、具体的に発生する問題点を捉える	成長ポテンシャルのある顧客をターゲットにして共通する切実な問題を捉える	海外展開など、数年後を見据えて、さらなる拡販を狙う

まずは、「トライアル」の顧客です。新規事業を提案した後に投資が決定したら、いきなり製品・サービスを市場に投入するのではなく実験を行います。製品・サービスに関心のある顧客に対して実験を行い、具体的に発生する問題点を捉えて改善します。BtoBの場合は、想定している「トライアル」企業を示します。この段階で、すでにトライアルに協力をしてくれる約束を企業と取りつけておけるといいでしょう。次に、「本丸」の顧客です。ビジネスモデル・キャンバスに書いている顧客が該当します。提供する価値をもっとも求めている顧客に焦点を当て、実績を作ります。最後に、「横展開」を想定している顧客です。事業拡大に向けて、数年後を見据えた海外展開などさらなる成長が期待できる顧客を示します。

次に、顧客の困りごとですが、こちらもビジネスモデル・キャンバスの「顧客セグメント（Customer Segments）」にある「顧客が抱える切実な問題」を、さらに突っ込んで説明します。

ビジネスモデル・キャンバスには書いていなかった「JOB（顧客が自社の製品やサービスを使って、やりたいこと・成し遂げたいこと）」を説明します。続いて、ビジネスモデル・キャンバスにいくつか箇条書きで表現している「顧客が抱える切実な問題」を具体的にイメージしてもらうための説明をします。第３章のビジネスモデル・キャンバスの書き方のP75で説明した「顧客が抱える切実な問題を検討する視点（4つ）」である「③-1.現状対策」「③-2.現状対策における問題点」「③-3.その問題のインパクト」「③-4.同じ問題を抱えている顧客の多さ」を、さらに具体的に説明できるといいでしょう（図表５）。

特に、③-1 〜③-3については、必ず顧客に行ったヒアリング情報や現場観察の情報を紹介して根拠の裏付けをしてください。この点は、価値提案が、顧客が抱える問題を解決するものになっているかを見極める重要な情報となりますので、図や写真、動画を用いて、時間を取って詳しく説明する必要があります。

図表５：【再掲】「顧客が抱える切実な問題を検討する視点」

③-１．現状対策
③-２．現状対策における問題点
③-３．その問題のインパクト
③-４．同じ問題を抱えている顧客の多さ

 ⑤製品・サービス名と提案する価値

製品・サービス名と提案する価値は、すでにビジネスモデル・キャンバスの「価値提案」で明確にしていますので、その内容を具体化したものを表現します。

製品・サービスを具体化する方法は、仮説検証で先述した「MVP」で説明をします。ここでは、完成形に近い「最終形MVP」を作って、それを用いてプレゼンテーションの場で説明をします。「最終形MVP」は、外見や機能をある程度満たしたプロトタイプ（試作品）です。**事業計画書には、製品・サービスの機能などの概要を説明し、合わせて「最終MVP」を付属させます**（図表6）。MVPが完成品に近いもので、その場で試せるプロトタイプであれば、事業を評価する人たちに実際にその場で使用をしてもらうと、さらにイメージがわくでしょう。

図表6：事業計画書＋プロトタイプ

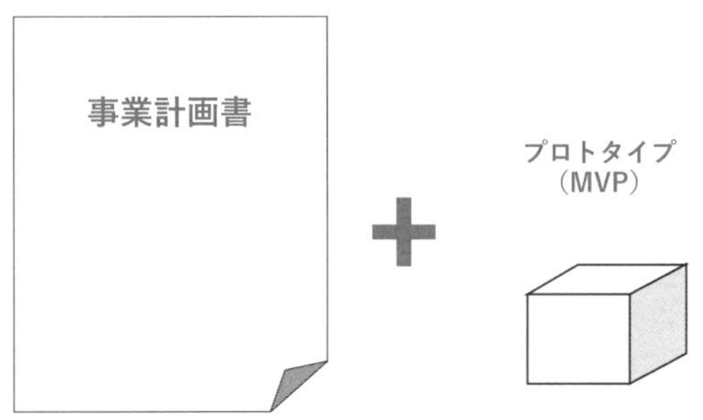

提案する価値は、ビジネスモデル・キャンバスの「価値提案」に記述した「価値」をさらに具体化します。事業計画書には、製品・サービスを利用することでどんなメリットがあるのかをあらためて整理します。そして、**「価値」においても重要なのは、顧客へのヒアリング情報や現場での観察情報です。**提供する価値の妥当性を検証した情報を必ず反映するようにしてください。これも重要な要素となりますので、図や写真、動画を用いて、時間を取って詳しく説明するといいでしょう。顧客がプロトタイプを実際に使用してニーズを満たしている様子や、顧客が「ぜひとも購入したい！」と言っている情報などが盛り込まれていると説得力が増します。

 ⑥価値創出のためのリソース

価値創出のためのリソースは、事業テーマの選定時やビジネスモデル・キャンバスの「キーリソース（Key Resources）」で明確にしていますので、その内容を具体化したものを表現します。

特に、記述しておくべき点は、**自社の強みを価値創出にどのように活かしているのかという点です。**繰り返しとなりますが、新しく創出した事業を一過性で終わらせることは避けなければなりません。自社の強みを活かして優位性を発揮し、それを持続させることが求められます。その点で、価値提案と紐づけて、具体的にどのように自社の強みを活かしているのかを説明する必要があります。

とりわけ製造業の企業では、自社のコア技術や有望技術について丁寧に説明することが求められます。すでに存在する自社のコア技術ではなく、今後実現が見込まれる有望技術は、技術的にいつ実現が可能であるか、現在の開発において何がボトルネックになっているのかを示す必要があります。そのため、技術に関する専門家や研究所からのヒアリング情報を反映して、必ず根拠を裏付けるようにしてください。

 ⑦ピクト図

ピクト図は、すでにビジネスモデル・キャンバスの「収益の流れ（Revenue Streams）」で検討しています。

ビジネスモデル・キャンバスにある「収益の流れ（Revenue Streams）」のブロック内では、書くスペースが狭いので収益の流れを別途ピクト図で表現します。それを事業計画書に盛り込みます。

⑧競合状況

競合状況（参入障壁）に関してもすでに分析を行っていますが、事業計画書ではさらにその内容を具体化します。

提案内容がゼロから1を創り出す新規事業の場合は、そもそも競合企業が存在しませんので、想定される企業を取り上げます。また、すでに市場があって自社が新規の事業として後発で参入する場合は、既存の競合企業を取り上げて分析を行い、もっとも競合となる3～4社に絞り込んでください。そして、自社も含めて競合他社と比較をしながら、「自社が勝っている点・負けている点」「それぞれの競合企業が勝っている・負けている点」を明らかにした上で、「だから、自社が提案している製品・サービス（価値）がもっともいい！」というメッセージを伝えるようにしてください。

競合企業を分析する上で決まった項目はありませんが、整理をしておきたい項目は次の通りです。**売上・利益、市場シェア、製品・サービス（提供価値）、戦略、強み・弱み、その他です。**マトリックス表で整理をして、比較するとわかりやすいでしょう（図表7）。

図表7：競合情報マトリックス

	自社	A社	B社	C社
売上・収益				
シェア				
製品・サービス（提供価値）				
戦略の特徴				
強み				
弱み				
その他				

売上・利益では、まず競合企業の売上の規模を確認し、自社と比較します。売上規模の違いで自社の打ち手が異なるからです。ある程度大きな売上が望めるようであればコスト優位を打ち出すことが有効ですし、規模で負けていれば差別化を図った価値を打ち出す必要があります。また利益は、高い利益率を上げている企業とそうでない企業を確認します。特に、高い利益率を上げている企業は何が要因なのかをさらに分析することで、自社の攻め方も変わってきます。

次に、市場シェアです。市場シェアは新規事業の市場構造を判断する指標となります。先ほどの売上と連動する部分もありますが、特に、自社の強みや弱みを把握する基準となります。市場シェアの決定要因は様々ありますが、それらの決定要因を分析して戦略を立てる必要があります。

次は、製品・サービス（提供価値）です。競合分析の中でももっとも重要な項目です。各社の製品・サービスがどのように異なっているのかを説明します。例えば、製品・サービスの性能や品質、形状、新規性などを示します。さらに、どんな便益やベネフィットを享受できるかといった「提供価値」に言及しておく必要があります。提供する価値によって、顧客は製品・サービスの購入を判断するので重要になります。特に、成長している市場に参入する場合は、競合企業が多く存在するために差別化がポイントとなります。**競合企業との違いを把握するために、「ポジショニング・マップ」を作成するのも有効しょう。**ポジショニング・マップを作成する場合、まずは顧客が購買を決定する要因を洗い出します（KBF：Key Buying Factor）。価値と置き換えてもいいでしょう。洗い出した要因のうち、顧客がもっとも重視するもの、競合企業よりも自社が勝っている点を2つ取り上げます（図表8）。

図表8：ポジショニング・マップの例

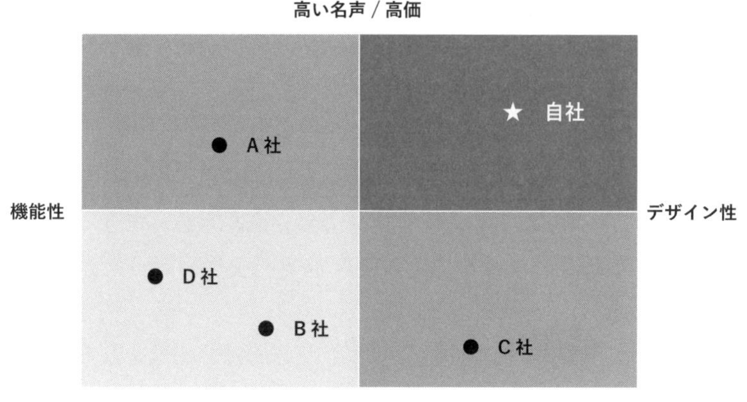

ここでは、「高い名声／高価・経済性」と「機能性・デザイン性」の２つをポジショニング・マップの軸としています。そして、自社が提供する価値をプロットします。さらに、同様に、競合企業が提供する価値をプロットします。競合企業と自社のポジションが近ければ近いほど競合する度合いが高く、対極にある場合は差別化が図れていると言えます。

次は、戦略の特徴です。ハーバード・ビジネススクールの教授であるポーターは、戦略の類型として３つの基本戦略があると提唱しています。それは、「コストリーダーシップ戦略」「差別化戦略」「集中戦略」です。

「コストリーダーシップ戦略」は、規模や経験、技術によってもたらされるコストの優位性を発揮する戦略です。「差別化戦略」は、競合他社が提供する価値と異なり、競合他社よりもその価値が上回っていることで、優位性を確保する戦略です。「集中戦略」は、ニッチな特定の領域に集中することで、限られた経営資源を有効に活用して優位性を維持する戦略です。基本的には、業界のリーダーは「コストリーダーシップ戦略」をとることが多く、リーダー企業以外は、「差別化戦略」や「集中戦略」をとって優位性を確保していることが多くなります。経営資源や業界内での立ち位置によって戦略のタイプが決まります。ここでは、自社も含めて競合企業が、どのタイプにあるのかを確認しましょう。

次に強みと弱みです。競合企業の強みと弱みを明らかにすることで戦略の打ち手も異なります。競合企業の良い点やカバーできていない領域などを可視化することで、各競合企業の成功要因が見えてきます。

その他、上記の項目以外に留意する点があれば、記載をしておきましょう。

繰り返しとなりますが、競合情報は、競合企業と比較しながら「だから、自社が提案している製品・サービス（価値）がもっともいい！」というメッセージを伝えることを意識しましょう。ビジネスモデル設計時に検討した「参入障壁」についても記述しましょう。新規事業を立ち上げるにあたって存在する参入障壁をどう乗り越えようとしているのか、また、事業を立ち上げた後の参入障壁をいかに高めるかといった視点から説明できるようにしておいてください。

⑨販売計画

販売計画は、ビジネスモデル・キャンバスの右側を構成するブロック「価値提案（Value Propositions）」「チャネル（Channels）」「顧客との関係性（Customer Relationships）」「収益の流れ（Revenue Streams）」で、すでに重要な要素として検討している部分がありますが、さらにその内容を具体化したものを表現します。

販売計画では、先述したマーケティング戦略策定時の「4P」の視点から、「製品」「価格」「チャネル」「プロモーション」を具体的にどのように進めるかを記述します。

「製品」は、事業計画書の「⑤製品・サービスと提案する価値」で言及していますが、ここでは、品質・デザイン・ブランド名・パッケージ・サービス・保証など、さらに具体的な点について説明を行います。「STPP」の説明で先述したコトラーは、「製品」のことを「便益の束」と言っています（図表9）。

図表9：便益の束

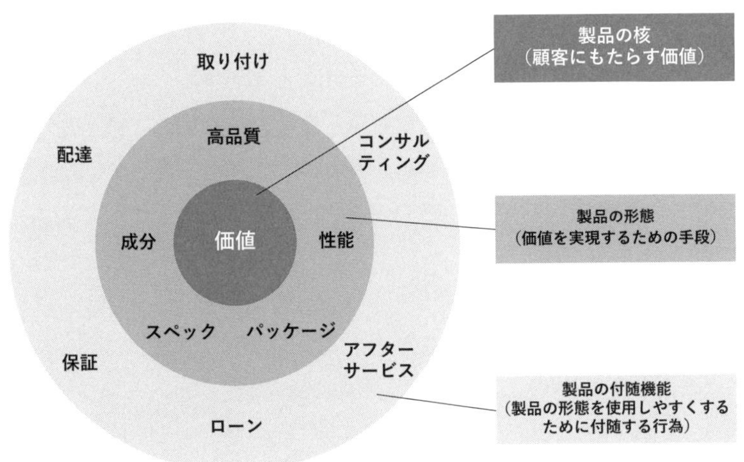

出典：『マーケティングの原理』フィリップ・コトラー

これは、製品構造を３つの層に分けて整理したものです。真ん中にある１層目は、「製品の核」となるもので、ビジネスモデル・キャンバスにある「価値提案（Value Propositions）」の価値そのものです。その周りにある２層目は「製品の形態」を表していて、ビジネスモデル・キャンバスにある「価値提案（Value Propositions）」の「製品・サービス名」で書いた「手段」となります。例えば、品質、性能、パッケージなどです。さらにその周りにある３層目は「製品の付随機能」で、「手段」を使用しやすくするために付随する行為を言います。保証、コンサルティング、アフターサービスなどが該当します。提案する製品・サービスを「便益の束」の3つの層から見直して、さらに具体的に説明することは有効です。

また、「製品」においてぜひ確認しておきたいのは、市場に投入する出荷数です。少なすぎると販売機会を失いますし、多すぎると過剰な在庫を抱えてしまいます。とはいえ、新規事業は過去の実績がありませんので、顧客の反応を見ながら仮説で推論するしかありません。一般に、導入期は顧客の認知度が低くニーズがそれほど高くありませんので、過剰な出荷計画を立てる際は注意しなければなりませんが、逆に慎重になりすぎて販売機会を逃さないように両面から検討しましょう。

次に「価格」です。すでにビジネスモデル・キャンバスの「収益の流れ（Revenue Streams）」でおおよそ「収益の獲得方法」検討をしていますが、ここでは「価格」の設定が重要になってくるので、P107に記載している価格戦略（P108の図表32）をあらためて確認しておきましょう。

次は「チャネル」です。すでにビジネスモデル・キャンバスの「チャネル（Channels）」でおおよそ設計をしていますが、ここでは、「チャネル」を具体的にどのように構築するのかを確認します。

チャネルの構築には時間がかかります。なぜなら、直接販売以外は、自社内で完結しないからです。各チャネルのパートナーに対して、契約を行ったり、自社のビジョンを浸透させたり、さらには販売に関する教育を実施したりするなど多くの対応が必要となります。そして、チャネルの開拓をするための計画を立て、優先順位を具体化します。その後、どれくらいの人員が必要か、コストはどれくらいかかるか、取り引きの際の障壁など、各チャネルのパートナーへの対応策を具体化します。

直接販売の場合は、直接顧客と取引のやり取りがあるので、顧客が購買をした製品・サービスについてのデータを収集することができます。そのデータを分析して、販売促進の施策に役立てられないかを検討しておきましょう。また、間接販売の場合は、売り切り型と委託販売型があります。売り切り型は、卸した段階で対価を受け取る形式です。売れ残った場合は小売店などがリスクを負うことになります。委託販売型は、売れた代金の一部を支払う形式で、売れ残ると製品を回収しなければなりません。どちらの形式で販売をするのか、あるいはミックスして販売するのかを検討しましょう。

次は「プロモーション」です。すでにビジネスモデル・キャンバスの「顧客との関係（Customer Relationships）」でおおよその設計をしていますが、ここでは、「顧客の獲得」におけるプロモーションについて、具体的にどのように構築するのかを確認します。

特に新規事業は、今まで世の中にない製品・サービスを提供するので、顧客はその存在を知りません。したがって、いかに認知をしてもらうかは重要なテーマです。

プロモーションを重視しない企業では、既存の事業のプロモーション方法（広告や販促など）と同じ手段を取ってしまいがちです。しかし、新規事業は既存事業と特性が異なるため、それらのプロモーションが有効であるとは限りません。

プロモーションを検討するために有効な考え方として、「AIDMA」があります（図表10）。

図表10：B to Cの場合の購買行動（AIDMA）

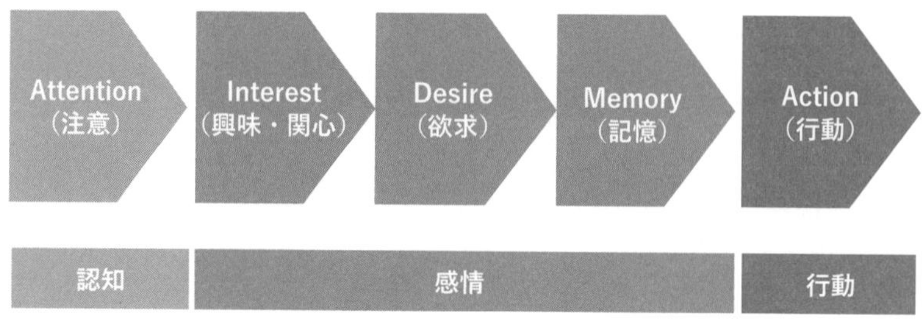

これは、顧客が製品・サービスの情報を知ってから購買行動に至るまでの心理的プロセスをモデルとしたものです。具体的には、「Attention」で対象に注意を向け、「Interest」で興味・関心を示し、「Desire」で欲求が生まれ、「Memory」で記憶して、「Action」で購買行動を起こすというものです。ここでは、それぞれのフェーズごとのプロモーション施策を検討します。

また、また、「AIDMA」はBtoC企業に有効ですが、BtoB企業では、「ISICA」という企業の購買決定プロセスに沿って考えることが有効です（図表11）。

図表11：B to Bの場合の購買行動（ISICA）

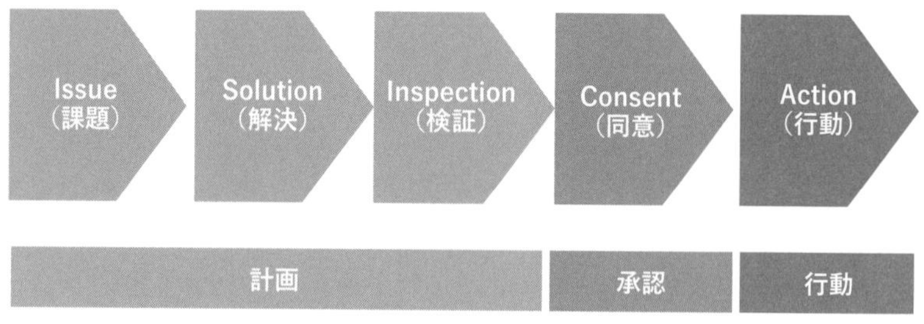

こちらは、問題を認識してから、製品・サービスの評価を行い、組織内での承認を得て購買行動を起こすまでのプロセスをモデルにしています。具体的には、「Issue」で課題を認識し、「Solution」で解決

方法を検討し、「Inspection」で製品・サービスの検証をして、購買や代替案を評価します。そして、「Consent」で組織内の同意を得て、「Action」で購買行動を起こすというものです。こちらも各フェーズに分けてプロモーション施策を検討します。

このように、まずは顧客に製品・サービスを認知してもらうことを考えます。その後は、顧客に製品・サービスを認知してもらうだけでなく、購買行動に変えることを目指し、新規顧客を積極的に掘り起こすような包括的なプロモーション施策を打てるといいでしょう。

⑩想定されるリスク

悪い事業計画書の３つ目で言及をした通り、想定されるリスクをすべて洗い出し、対策を検討します。

投資をする側は、新規事業のリスクが気がかりです。その心配をできるだけなくしてもらうことが目的です。リスクを洗い出すにあたっては、マクロ事業環境、市場の変化、競合の動きなどの外部環境や、自社内での障壁などの自社資源の視点から、想定されるリスクを明らかにしましょう。

その際、**リスク項目ごとの「影響度」と「確率」も示しましょう。**「影響度」は、リスクが発生した場合の影響を受ける大きさを表します。詳細に表さなくても「大・中・小」で示せればいいでしょう。また、「確率」は、リスクが発生する可能性を表します。これについても「高・中・低」でいいでしょう（図表12）。これらを踏まえて、優先度の高いリスクから記載し、前提の根拠が崩れたときを想定し、対応策、回避策として、Plan B、Plan Cを考えておきましょう。

図表 12：想定されるリスク

想定されるリスク	影響	確率	代替案（対応策・回避策）

さらに、「撤退基準」を明確にしておくことも重要です。新規事業の取り組みにおいて、失敗が多い要因の1つに、撤退の意思決定ができない点が挙げられます。好ましくない状況がずっと続いても、いつかよくなるはずだと信じ込んで、撤退の判断できずに赤字をずっと出しつづけているケースが散見されます。特に企業内の新規事業では、経営幹部自らが新規事業の投資判断をした場合、責任問題やプライドからなかなか撤退の判断をできない場合があります。そういった状況を避けるためにも、損失の大きさや損失期間など、どのような状況になったら撤退するのかをあらかじめ決めておくほうがいいでしょう。

⑪投資回収・損益計画

投資回収・損益計画は、事業テーマの選定時におおよその「収益性」を検討していますが、さらにその内容を具体化したものを表現します。

事業立ち上げの段階で、投資回収計画に多くの時間を費やすことは得策ではありません。なぜなら、身も蓋もない言い方をすれば、まず正確に当てることができないからです。だからといって、根拠もなく数値を載せてはいけません。根拠を積み上げた数値で投資回収・損益計画を説明しましょう。投資をする側は、投資が回収できるか、収益がどれだけあるのかを重視します。したがって、**投資回収・損益計画では、最低でも、「初期投資額」「回収期間」「今後5年間の累計の売上・利益」の3点については明らかにしておく必要があります**（図表13）。

図表13：投資回収・損益計画の例

（単位：億円）

		2020	2021	2022	2023	2024	合計
投資	研究・開発	2.0	1.2	0.8	-	-	4.0
	生産機械設備	1.0	0.8	0.2	-	-	2.0
	（合計）	3.0	2.0	1.0	-		6.0
費用	原材料	-	0.8	1.6	5.4	10.8	18.9
	人件費（製造）	-	1.0	3.0	6.0	12.0	22.8
	人件費（販売・促進費）	-	0.3	0.7	3.4	3.5	6.3
	（合計）	-	2.1	5.3	14.8	26.3	48.0
売上	コンサルティング	0.1	0.5	0.8	1.0	2.0	4.4
	ハードウェア	-	1.6	3.2	10.8	21.6	37.2
	ソフトウェア	-	2.0	6.0	10.0	20.0	38.0
	（合計）	0.1	4.1	10.0	21.8	43.6	79.6
利益	単年度	▲2.9	0	3.7	7.0	17.3	
	累積	▲2.9	▲2.9	0.8	7.8	25.1	

「初期投資額」は、事業を始めようとすると当然ながら投資が必要となります。例えば、研究開発や生産設備など様々な費用がかかります。まずは、最初にどれくらいの投資が必要なのかを明らかにしなければなりません。新規事業担当者のなかには初期投資額は少ないほうがいいと考え、少なめに申請しようとする人がいますが、「本当にこれだけで実現するのか？」と投資する側から指摘されている場合があります。抜け漏れなく必要な額を見積もって、遠慮をせずに申請しましょう。

次に、「回収期間」です。計算をする方法として、回収期間法があります。初期投資額の赤字がいつになったら黒字になるのかを示します。投資回収がいつ頃見込めるのか目標を設定し、その期間よりも短ければ投資を行い、長ければ投資を再度、考慮します。例えば、初期投資額が300万円かかり、１年目に140万円を回収、２年目に120万円を回収、さらに３年目には160万円を回収できるとします。その場合、初期投資額が300万円で、１年目、２年目で260万円を回収できるので、残り40万円となります。３年目に160万円を回収できる予定なので、残りの40万円はそのうちの25%となります。これらを計算式で表現すると以下のようになります（図表14）。

図表 14：回収期間法の計算

投資年度	0 年目	1 年目	2 年目	3 年目	・・・
キャッシュフロー額	-300	140	120	160	・・・

・初期投資額：300 万円 =140 万円 +120 万円 +40 万円

・初期投資額を回収するのに必要な 40 万円を
3 年目キャッシュフロー額 160 万円で割る

$$\text{回収期間} = \frac{40\text{ 万円}}{160\text{ 万円}} = 0.25$$

・回収期間：2.25 年（2 年 3 か月）

回収期間法は、計算が単純で理解しやすいのですが、金銭の時間的な価値が考慮されていなかったり、回収を見込む目標を何によって決めるのかが曖昧でその妥当性がわかりにくいといった面があります。

これらをカバーするために、NPV 法や IRR 法といった複雑な投資採算性を検証する方法もありますが、この段階ではまずは回収期間法だけで十分です。しかし、実際に投資をする段階では、他の投資採算の方法と併用して総合的に判断することが必要です（NPV法やIRR法に興味がある人は、専門書をひも解いてください）。

「今後５年間の累計の売上・利益」は、事業計画書の冒頭の事業概要で述べる「収益性」の根拠となる部分です。年度ごとにどれくらいの売上があって、そのためのコストがどれくらい必要で、いくらの利益を生み出せるのかを想定し、向こう５年間の累計額を計算します。

売上は、「顧客数 × 顧客単価」で決まります。まずはどれくらいの顧客を獲得できるのかを検討します。顧客獲得数の伸びを機械的に設定するのではなく、先ほどの販売計画にあったマーケティング施策と紐づけながら、根拠を説明できるようにしておきましょう。そうして算出した顧客数に、顧客単価を掛け合わせると売上の見通しがたちます。

コストは、変動費と固定費に分けられます。新規事業の場合は、できるだけ固定費を抑えることが求められます。なぜなら、成功するかどうかが未知の状況で多くのコストをかけることはできないからです。売上からコストを引いたものが利益になりますから、単年度ごとに収支を確認し、累計の利益額を計算しましょう。

単年度ごとの収支状況を把握するためには、「損益分岐点」の分析を行うことが有効です。「損益分岐点」とは、売上高と費用の額がちょうど等しくなる売上高を指します（図表15）。

図表 15：損益分析点

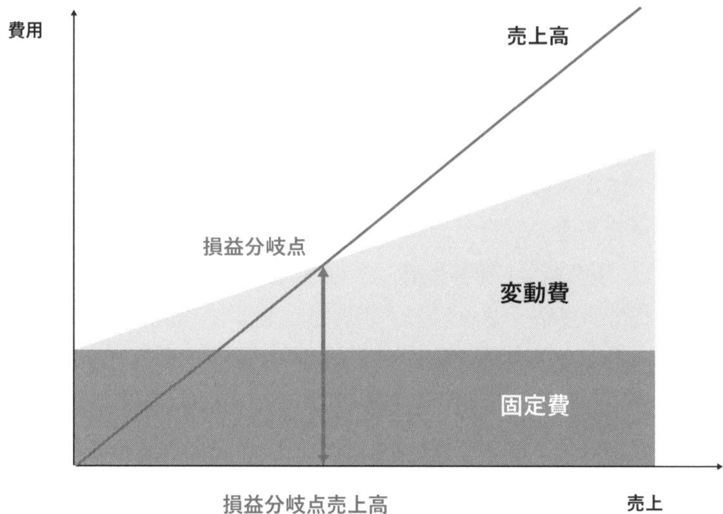

損益分岐点売上高の算出方法は、「固定費÷（1－ 変動費率)」で求めます。変動費率とは、売上高に対する変動費の割合です。売上が1000万円で変動費が300万円であれば、0.3となります。例えば、売上が8000万円で、固定費が2000万円、変動費が4000万円の場合、固定費2000万円÷（4000万円÷8000万円）で割って、損益分岐点売上高は4000万円となります（図表16)。重要なのは、損益分岐点を理解し、損益分析点が高い場合は、変動費や固定費を下げる、顧客単価を上げるなどして、収支の見通し計画を改めて検討しておくことです。

図表16：損益分岐点売上高の計算

・固定費 ÷（1 − 変動費率）　※変動費率 = 変動費 ÷ 売上高

・売上高：8000万円、固定費：2000万円、変動費：4000万円

$$\text{損益分岐点売上高} = \frac{2000\text{万円}}{1 - 0.5} = 4000\text{万円}$$

・損益分岐点売上高 = 4000万円

最後に、投資回収計画は実際に新規事業を進める上で楽観的なケースだけではないため、最低3パターンを想定して作成します。アップサイドケース、ダウンサイドケース、ベースケースがあります。アップサイドケースは、想定通り進むことを予想した楽観的な計画です。ダウンケースは、最悪のシナリオの場合です。ベースケースは、もっとも可能性が高いシナリオです。先ほど検討した「想定されるリスク」と紐づけながら、3つのパターンを想定します。

⑫今後の展開

今後の展開は、すでに事業テーマの選定時にバックキャスティングであるべき姿を書きましたが、事業を立ち上げてからあるべき姿の実現に至るまでの内容を表現します。

今後の展開については、今後10年を想定して、「導入期」「成長期」「成熟・展開期」の3つのフェーズに分けて、おおよその「時期」と「目指す姿」「具体的な取り組み」について具体化します（図表17）。

図表17：今後の展開

	導入期	成長期	成熟・展開期
時期			
目指す姿			
具体的な取り組み			

まず「導入期」について、「時期」は事業によって異なりますが、ここでは「トライアル」時期を経て、実際に製品・サービスが市場に導入されてからおよそ1年間を想定します。「目指す姿」は、1年後に事業がどうなっているのかを表現します。この段階では、事業の認知度が低くニーズ自体も少ない状況なので、市場・顧客を開拓して認知度を高める目標が中心となるでしょう。そのため、「具体的な取り組み」は、新規顧客の開拓、プロモーションの強化、販売チャネルの整備が求められます。特に、プロモーションの強化は、最先端技術やこれまでにない機能を打ち出すことが有効です。また、販売チャネルの整備は、一気に拡大するよりもまずは直販や専門店などを活用して整備することから始めることになるでしょう。また、導入期の後半からは、少しずつ顧客の声を取り入れながら製品・サービスの改良を行ったり、部品や原材料の調達について原価低減の努力を行います。

次に、「成長期」について、こちらも事業によって「時期」が異なりますが、ここでは「2～3年」を想定します。「目指す姿」は、2～3年後に事業がどうなっているのかを表現します。この段階では、市場が成長を続けて売上の急拡大が見込める状況で、事業のブランド認知度を高めたり、規模の経済を働かせコスト低減を進めるといった目標が中心となるでしょう。そのため、「具体的な取り組み」は、成長期に入り売上数量が伸びるために生産設備の拡大や、販売チャネルの拡大を進めます。また、製品・サービスの普及率が16%近くになると、普及速度が停滞すると言われています。これを「キャズム」と呼びます。このキャズムを乗り越えるためにも、次の成熟期の顧客を意識した製品・サービスの改良が求められます。成長期後半になってくると、多くの競合企業が市場に参入して、価格競争やブランド競争が激しくなってくるため、その対策も必要になってくるでしょう。

最後に、「成熟期・展開期」。こちらも事業によって「時期」が異なりますが、ここでは「3～10年」を想定しています。「目指す姿」は、3～5年後、5～10年後に事業がどうなっているのかを表現します。事業によって成熟期や展開期は異なります。成熟期は、市場拡大が止まり、新規顧客の開拓よりもリピート顧客を拡大して離反顧客を出さないことが目標となります。そのため製品・サービスの性能よりも、デザインやブランドなどの情緒的価値をさらに高めることが求められます。また、価格を重視する顧客も増えてきます。「具体的な取り組み」としては、顧客の囲い込みや競合他社からのスイッチング策を検討することが有効でしょう。また「展開期」は、市場が成熟した場合に、新たな収益源を求める姿が目標となるでしょう。例えば、新たな価値の拡大や新たなエリア拡大です。「具体的な取り組み」は、周辺事業を拡大し、新たな価値を創出したり、既存の製品・サービスを他のエリアや業種に展開することが有効です。成熟期と展開期は時期的に線引きが難しいため、同じフェーズにしていますが、「目指す姿」や「具体的な取り組み」は異なります。

これら「導入期」「成長期」「成熟期・展開期」において、提供する価値が異なれば、ビジネスモデル・キャンバスを新たに作成しなければなりません。ビジネスモデル・キャンバスの欠点の1つは、期間をまたがって書くことができない点です。例えば、3～5年間を書くことはできず、提供する価値が変わったタイミングで、スナップショットで書く必要があります。

したがって、今後の展開において、提供する価値が異なる場合（特に展開期）は、新たにビジネスモデル・キャンバスを書く必要があります（価値が異なれば、顧客セグメントやキーリソースなどビジネスモデル・キャンバス上にある事業を構成するブロックの内容も変わるため）。新規事業の創造は長期的な視点からバックキャスティングで事業を構想するので、負担が増えてしまいますが、事業構想時に複数枚のビジネスモデル・キャンバスを作成しなければなりません。

⑬推進体制

推進体制は、「(1)新規事業の企画・推進者の役割」「(2)組織の体制」「(3)資源を獲得するシナリオ」の３つの側面から、事業提案を進めるメンバー、体制について具体的に表現します。

「(1)新規事業の企画・推進者の役割」は、新規事業を企画したコアメンバーがそのまま事業を推進する場合と、新規事業の企画だけをして推進をするメンバーは異なる場合があります。新規事業を進める上では前者をお勧めします。なぜなら、先述した通り新規事業を進めるためには、メンバーの熱意が重要だからです。前者の場合、投資が決定した後に障壁にぶつかったとしても、自ら企画した提案なので強い思いによって障壁を乗り越える可能性が高くなるからです。組織の状況が許せば、前者を想定して新規事業の推進体制を構築することが望ましいでしょう。

「(2)組織の体制」は、メンバーを専任で推進するか、もしくは既存事業の業務と兼任で推進するかを決定します。こちらも、組織の状況やミッションによって異なります。新規事業では、分析やフィールドワーク、関係者の巻き込みなど、長い時間がかかる上にやることが多いため、既存事業との兼務よりもできれば専任で推進することをお勧めします。ただ、どの企業も限られたリソースで新規事業に取り組む場合が多いので、兼任で進める後者を選ぶ企業が多いようです。兼任で進める場合は、リーダーの能力に応じて推進力に大きな差が生まれるため、慎重に選定する必要があります。

「(3)資源を獲得するシナリオ」は、新たな資源を獲得するためのシナリオを説明します。新規事業を創造するにあたって、事業構想から事業計画の立案に至るプロセスで、参画するメンバーは徐々に増えていきます。例えば、事業アイデアを実現する核となる技術者を取り入れたり、販売を拡大するため営業担当者の協力を得たり、社外においてもパートナーとの連携などのために新たなメンバーが加わっていきます。このように、事業を推進する上で、事業を立ち上げるプロセスに沿って、新たな資源（特に、必要な人材）獲得のストーリーを示します。

⑭今後に向けての課題

今後に向けての課題は、事業の導入期を経て、成長期や成熟・展開期において、現時点で乗り越えるべき障壁（課題）を具体的に明らかにします。

事業計画書の作成段階で、あらゆるリスクや推進をする上での障壁を想定しますが、当然ながら作成時点で解決できない課題もあるはずです。それらを具体的に明示し、どのように対応をしていくかを示します。投資をする側がもつ疑問にあらかじめ答えておきます。場合によっては、事業を提案するメンバーだけでは解決が難しい課題もあるでしょう。その場合は、経営幹部に提案をする際に課題解決への協力を要請することを念頭に事業計画書に書き込んでおくのも有効です。

このように、できるだけ今後に向けての課題を明らかにして、あらかじめ伝えるようにしましょう。

⑮実行計画

最後に、実行計画を書きます。**実行計画は、「(1)今後3年間のおおよその活動」と、「(2)今後半年間の具体的な活動」を明らかにします。**

「(1)今後3年間のおおよその活動」は、ビジネスモデル・キャンバスの「主要な活動(Key Activities)」にすでに記述した内容をさらに具体化をします。ビジネスモデル・キャンバスを紐づけて具体化することがポイントです。今後の展開における「導入期」から「成長期」に向けての主な活動になります。

「(2)今後半年間の具体的な活動」は、直近で何を実行するのかを明らかにします。特に、トライアルフェーズで何をするのかを具体的に説明します。トライアルフェーズでは、どの顧客をターゲットにして、どんな実験を行うのか、その実験からどのような成果を期待しているのかなど、製品・サービスを市場に投入するにあたって解決すべきことを、具体的に明示します。

事業計画書の見直し

最後に、おおよそ事業計画を作成できた段階で、投資をする側の視点に立って、自分で事業計画書を確認(評価)します。

事業テーマの選定時に用いた「評価基準」(本書では「取り組む意義」「市場魅力度」「自社優位性」「競合状況」「収益性」「新規性」「実現度」「熱意」など)の視点から、それぞれが基準を満たしているかを確認します。

ただし、まだ事業の立ち上げ前の段階なので、事業計画書を作成した時点ですべての基準を十分満たしていることはほとんどありません。それでも結構です。ただ、**少なくとも「取り組む意義」が説明され、「市場魅力度」で新たな市場を生み出せそうかだけは、必ずクリ**

アするようにしてください。その他の基準を満たしていない点は、今後のやり方によってカバーをすることができます。最初から完璧さを求めてしまっては、なかなか前に進みませんから、とにかく前に進むことを意識してください。

新規事業の魅力を「事業計画書」として仕上げることは重要です。しかしそれだけでは不十分です。その事業計画書に、「熱意」が反映されていなければなりません。投資を評価する意思決定者や新規事業に関する審査会で審査員がもっとも重視している項目は、提案する人が「本気で実現しようとしているか」です。提案している人の実績や能力も含めて、アピールして熱意を伝えましょう。

事業計画書の魅力を伝えるプレゼン

どれほど素晴らしい事業計画書を作成したとしても、それが相手に伝わらなければ意味がありません。伝える際に留意しておきたい点を、プレゼンテーションの内容と、プレゼンテーションの振る舞いに分けて説明します。

プレゼンテーションの内容

プレゼンテーション（以下プレゼン）では、作成した事業計画書をベースに説明をすることになります。プレゼンに向けて、その事業計画書の見せ方で注意すべき点を説明します。

第一に、ビジネスモデル・キャンバスは、事業計画書の巻末の「参考資料」として提示するほうがいいでしょう。理由は、ビジネスモデル・キャンバスは説明しにくいからです。本書ではそういう理由から、事業計画書の各項目でビジネスモデル・キャンバスの要素を詳しく説明するように構成してあります。ただ、事業計画書の各項目を説明する前に、提案する事業の全体を把握してもらうために、ビジネスモデル・キャンバスを俯瞰して見てもらうという使い方はいいと思います。

第二に、事業計画書のストーリーを描きましょう。この点は、プレゼンにおいてもっとも重要な点です。投資をする側が、プレゼンで話したことをすべて覚えることは不可能です。最低でも、提案するストーリーだけは覚えてもらうことを意識する必要があります。ストーリーが描けていないと、提案する事業内容の断片的な説明に終始することになり、結局、全体を通してどんな提案だったのかがよくわからないということになってしまいます。

　では、ストーリーを描くためには、どうすればいいでしょうか。それは、パワーポイントのタイトルだけで話を理解できるようにすることです。タイトルだけ読めば、事業の全体がわかるようにつなげて構成します。その際、ワンスライド・ワンメッセージも意識してください。ですから、パワーポイントを作成する際には、まずはタイトルだけで提案内容が理解できるようにストーリーを設計するところから始めましょう（図表18）。

図表 18：事業計画書のストーリー

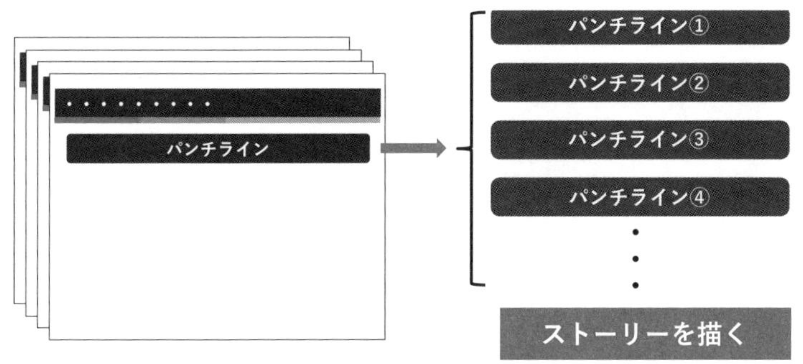

　第三に、事業計画書とは別に、エグゼクティブサマリーを作成することをお勧めします。エグゼクティブサマリーとは、事業計画書を要約してまとめたものです。事業計画書は参考資料も含めて、およそ50～80ページくらいで作成することが多いですが、エグゼクティブサマリーはおよそ30ページ前後にまとめましょう。その際にも、事業の全体がわかるようにストーリーが描けているかを確認します。プレゼンの際は、与えられた時間にもよりますが、短い場合はエグゼクティブサマリーを使い、余裕がある場合は、事業計画書をベースに発表するということもあります。

 プレゼンテーションでの振る舞い

素晴らしいプレゼンは、自分が主役になって説明をしています。パワーポイントのスライドをずっと見ながら、文字を読むだけのプレゼンは最悪です。**スライドはあくまでも補助的なものとして、自らが事業計画のストーリーを語るようにしてください。**

もっとも理想的なプレゼンは、皆さんもよくご存知の米アップル社のスティーブ・ジョブズ氏が挙げられるでしょう。YouTubeでiPhoneなどのジョブズ氏のプレゼンの様子を確認してみましょう。また、神戸大学の教授でリーダーシップを研究されている金井壽宏氏はプレゼンで重要な点を4つ挙げておられ、深く共感したので紹介します。

1つは、「問う」です。発表者の一方通行の語りではなく、聴講者に問いかけ、考えてもらうことです。もう1つは、「動く」です。発表時にジタバタ動くということではなく、発表する場のスペースを大きく使って移動しながら話します。次は、「堂々とする」です。これは、自信をもって話すことです。新規事業ではこの点はとても重要です。新規事業に対する自分の「熱意」を伝えることが大事ですから、堂々と思いを語ることが有効だからです。最後に、「間をあける」です。声の大きさの強弱やスピードを意識し、重要な点は間をあけながらゆっくりと話すと効果的です。

あとは、徹底的に「練習」を繰り返すことです。ジョブズ氏でさえも何度も練習していたと言います。スライドを見ずに説明できる、時間内に終わらせる、伝えたい部分を強調する、想定される質疑の準備をするなどに留意して練習をしましょう。特に、時間内できちんとすべてを伝えて終わらせることは新規事業のプレゼンに限ったことではありませんが、大切なことです。制限時間を超えてしまうことは避け

なければなりません。

事業計画書に事業の魅力を盛り込み、プレゼンでしっかりその魅力を伝える、そのための練習時間を作るようにしましょう。

おわりに

本書の冒頭に、新規事業を生み出す際にもっとも重要なキーワードを一つ挙げるとすれば、迷いなく「ビジネスモデル」であると言及しました。ビジネスモデルを設計する際、本書で紹介をした「ビジネスモデル・キャンバス」の活用が有効であることは本書を通じて理解いただけたと思います。

一方で、「ビジネスモデル・キャンバス」を導入しさえすれば、新規事業を生み出せると考える人も少なくありません。私が新規事業の取り組みを支援する中で、ビジネスモデル・キャンバスを導入してもうまくいっていない、あるいは失敗している例も数多くみてきました。それらの企業では、次のような共通パターンが見られます。本書で説明をしたものも含めて、最後に整理しておきます。

第一に、「とにかくビジネスモデル・キャンバス上の9つのボックスを埋めればいい」という考え方です。ビジネスモデル・キャンバスはフレームワークの一つです。ビジネスでフレームワークを活用することは有効ですが、使い方を一歩間違えると悪影響をもたらします。いきなり完璧さを求めるのはよくありませんが、深く洞察し考え抜くことが必要です。

第二に、「マーケティングをよく知らない」ことです。新しい市場を開拓して事業を創り出そうとする人が、市場や顧客を把握する方法を知らないことは不利であることは容易に想像がつきます。マーケティングを知らずに、いきなりビジネスモデル・キャンバスを書くと先ほど指摘したように、ボックスを埋める作業になってしまいます。特に、ビジネスモデルの肝である「価値」を創出するためにも、マーケティングの基本的な知識を習得しておくことをお勧めします。

第三に、「世の中の動きをよく知らない」ことです。世の中の動きを知らずして、新しい事業は創れません。政治や法律改正、最先端の技術、経済状況や社会の変化など、常にアンテナを張り、情報を収集・整理しておく必要があります。そして、常にどう影響するのか仮説を立てておくことが大事です。また、大きな世の中の動きに加えて、企業単位で成功している、あるいは失敗している企業の動向についても情報を収集・整理しておくことが必要です。この点においてもなぜ成功・失敗したのかを、自身で理由付けすることが大事です。

第四に、「参入障壁が考えられていない」です。本文でも触れていますが、新規事業を創造する際には必ず検討しておかなければなりません。なぜなら、いいアイデアであっても、他社が簡単に参入できるようであれば優位性を持続できないからです。一般に、新しく参入障壁を築くためにはコストや経験が必要になるので、ビジネスモデル設計の段階で参入障壁を築くことは難しいですが、自らの優位性をできるだけ長く維持するためにも、この段階で検討しておかなければなりません。

第五に、「現場目線でしか検討できていない」です。市場や顧客の動向は、最前線の現場で活躍している人のほうが理解していますが、事業は俯瞰的に捉えなければなりません。なぜなら、価値を創り出すための仕組みの構築が必要だからです。仕組みの構築は現場目線だけではできません。視座を高めて、事業部長の目線になって検討してみることが必要です。

第六に、「最初から決めつけてしまうこと」です。事業のあるべき姿などコアの考え方となる点がブレては困りますが、それを実現する手段はいろいろあります。特に、最初に思いついたアイデアに固執しすぎてしまうと、議論が進まなくなることも多いです。本書でも説明したピボットの考え方は大事で、柔軟な思考が求められます。

第七に、「顧客情報など裏付けがない」ことです。どんなに素晴らしいアイデアでも、顧客の反応に関する情報がなく、机上の空論では説得力に欠けます。ビジネスモデル・キャンバスは、プロトタイプのように活用することに適しています。顧客情報を反映しながらビジネスモデルをブラッシュアップすることが有効な方法です。

最後に、「ビジネスモデル・キャンバスがチーム内で共通言語になっていない」です。ビジネスモデル・キャンバスに関する研修を受講して実務で活用しようとする人は多いです。しかし、一人だけビジネスモデル・キャンバスの活用の方法をよくわかっていても、新規事業に取り組むメンバーがわかっていなければうまくいきません。新規事業を一人で検討している人もいますが、多くはチームで取り組みますので、チーム全体でビジネスモデル・キャンバスを活用できるように、メンバー全員が知識を習得し、活用方法を理解しておく必要があります。

このように、「ビジネスモデル・キャンバスを導入してもうまくいかない、失敗するパターン」を念頭に置いて進めると、ビジネスモデル・キャンバスを活用した新規事業創造の成功確率を上げられると考えます。

最後に、本書の執筆に際して、多くの方々にアドバイスをいただきました。クロスメディア・パブリッシングの根本輝久様、同志社大学の中川優教授、羽衣国際大学の合澤浩之教授、NECマネジメントパートナーの中島剛様、河合正能様、野田幸紀様に、感謝申し上げます。

2020年1月
西田　泰典

読者特典

実在企業のビジネスモデル・キャンバス

新しいビジネスモデルを創造するためにビジネスモデル・キャンバスをご活用いただくための参考として、実在企業のビジネスモデルをもとにビジネスモデル・キャンバスを作成しました。ぜひ、ご活用ください。以下のURLからダウンロードできます。

https://cm-group.jp/LP/40340/

参考文献

第1章

- 一般社団法人日本能率協会（2015）「第36回当面企業経営課題に関する調査」
- 経済産業省（2012）「新規事業創造と人材の育成・活用に関するアンケート調査」
- 中小企業庁委託（2012）（三菱UFJリサーチ＆コンサルティング）
- デロイトトーマツコンサルティング合同会社（2013・2016）「イノベーションマネジメント実態調査」
- 日経BP社『日経ものづくり2016年3月号』

第2章

- 新井本昌宏他（2018）「技術を強みとした新規事業開発の教科書」デザインエッグ社
- 国連開発計画（UNDP）駐日代表事務所ホームページ

第3章

- 今枝昌宏（2014）『ビジネスモデルの教科書』東洋経済新報社
- 今枝昌宏（2016）『ビジネスモデルの教科書【上級編】』東洋経済新報社
- 加護野忠男（1999）『「競争優位」のシステム―事業戦略の静かな革命』PHP研究所
- 加護野忠男・井上達彦（2004）『事業システム戦略―事業の仕組みと競争優位』有斐閣
- 寺本義也他（2011）『ビジネスモデル革命―グローバルな「ものがたり」への挑戦』　生産性出版

- 山田英夫 (2017)『成功企業に潜む ビジネスモデルのルール――見えないところに競争力の秘密がある』ダイヤモンド社
- RAPHAEL AMIT and CHRISTOPH ZOTT (2001)『Value Creation in E-Business』Strategic Management Journal
- Mark W. Johnson (著), 池村千秋 (翻訳) (2011)『ホワイトスペース戦略 ビジネスモデルの<空白>をねらえ』CCCメディアハウス
- アレックス・オスターワルダー (著), イヴ・ピニュール (著), 小山 龍介 (翻訳) (2012)『ビジネスモデル・ジェネレーション ビジネスモデル設計書』翔泳社
- Alexander Osterwalder (著), Yves Pigneur (著) (2010)『Business Model Generation: A Handbook for Visionaries, Game Changers, and Challengers』Wiley
- 白井 和康 (2016)『ビジネスモデルデザインの道具箱 14のフレームワークでイノベーションを生む』翔泳社
- ジェイ・B・バーニー (著), 岡田 正大 (翻訳) (2003)「企業戦略論【中】事業戦略編 競争優位の構築と持続」ダイヤモンド社
- ヘンリー チェスブロウ (著), 大前 恵一朗 (翻訳) (2003)「OPEN INNOVATION―ハーバード流イノベーション戦略のすべて」産能大出版部
- W・チャン・キム (著), レネ・モボルニュ (著), 入山 章栄 (翻訳), 有賀 裕子 (翻訳) (2015)『(新版) ブルー・オーシャン戦略―競争のない世界を創造する』ダイヤモンド社
- M. トレーシー・F. ウィアセーマ (1995)『ナンバーワン企業の法則―カスタマー・インティマシーで強くなる」 トレーシー&ウィアセーマ
- クレイトン M クリステンセン他 (2017)「ジョブ理論 イノベーションを予測可能にする消費のメカニズム」 ハーパーコリンズ・ジャパン
- Amazonホームページ

第4章

- エリック・リース (著), 伊藤 穰一(MITメディアラボ所長) (解説), 井口 耕二 (翻訳) (2012)『リーン・スタートアップ』日経BP
- スティーブン・ブランク (2012)『スタートアップ・マニュアル』翔泳社
- ゼネラル・エレクトリック (GE) ホームページ

第5章

・フィリップ・コトラー他 (2003)『マーケティング原理 第9版―基礎理論から実践戦略』ダイヤモンド社

・板橋 悟 (2010)『ビジネスモデルを見える化する ピクト図解』ダイヤモンド社

・佐宗 邦威 (2015)「21世紀のビジネスにデザイン思考が必要な理由」クロスメディア・パブリッシング

・ダイヤモンド社『DIAMONDハーバード・ビジネス・レビュー 4月号』

【著者略歴】

西田泰典（にしだ・やすのり）

未来創造総研合同会社 代表
1972年京都府生まれ。神戸大学大学院経営学研究科修了（MBA）。同志社大学大学院商学研究科博士課程後期在籍。大学卒業後、大手旅行会社に入社し、営業とマーケティングに従事。数々の社内表彰を受ける。その後、NEC総研、NECマネジメントパートナーにて、経営コンサルタントとして、マネジメント領域におけるコンサルティング、研修の企画および講師などの業務に携わる。あわせて新規事業創造、マーケティング、事業戦略などの策定・実行支援プロジェクトを数多く経験する。NECを退職した後、未来創造総研合同会社を設立して独立。コンサルティングではクライアントの成果に、また研修では受講者の実務に活用できることにこだわった支援をしている。

E-mail　：y-nishida@miraisouzou-s.com
URL　　：http://miraisouzou-s.com/

事業計画に落とせる
ビジネスモデルキャンバスの書き方

2020年 2月 1日　初版発行
2023年11月26日　第3刷発行

発行　**株式会社クロスメディア・パブリッシング**

発行者　小早川 幸一郎
〒151-0051　東京都渋谷区千駄ヶ谷4-20-3 東栄神宮外苑ビル
http://www.cm-publishing.co.jp
■本の内容に関するお問い合わせ先 …………………… TEL (03)5413-3140／FAX (03)5413-3141

発売　**株式会社インプレス**

〒101-0051　東京都千代田区神田神保町一丁目105番地
■乱丁本・落丁本などのお問い合わせ先 …………………… FAX (03)6837-5023
service@impress.co.jp

カバーデザイン　萩原弦一郎（256）
図版　小曽川美香・内山瑠希乃（cmD）
本文デザイン・DTP　荒好見（cmD）
印刷・製本　中央精版印刷株式会社
ISBN 978-4-295-40340-1　C2034